幻想のメディア

SNSから見える沖縄

沖縄タイムス社編集局
「幻想のメディア」取材班

高文研

◆──はじめに

SNSに潜む闇に踏み込む新聞報道の試み

沖縄タイムス社編集局・編集局長　与那嶺　一枝

沖縄はフェイクニュースやヘイトスピーチが主戦場になりやすい土地柄である。直接的な理由は、沖縄にある米軍普天間飛行場を名護市辺野古に移設し、機能を強化する米軍基地建設という政府の決定に多くの県民が反対しているからだろう。ちなみに、世論調査で普天間飛行場の辺野古移設に反対だとする意見は、この20年間で7割前後、最も少ない時でも5割超に達している。

反対の声がここまで広がって根強いのは、日頃から米軍の事件・事故、航空機の騒音に悩まされているという、極めてシンプルな生活の安心安全の問題だからだ。もちろん、中には日本国内で唯一住民を巻き込んだ地上戦の経験から米軍基地の全面撤去を願う人もいるし、日米安全保障条約そのものに反対の人もいる。しかし、こうした理念だけでは、7割前後の県民が「辺野古」反対だとする数の説明がつかない。

このような反対の声に対して、インターネットを中心に目立つのは「米軍基地がなくなれば中国が沖縄に攻めてくる」「抑止力が失われる」といった漠然とした批判だ。沖縄県民の意見と全くかみ合っていない。

沖縄には日本にある米軍専用施設・区域が70・6％もある。誤解を恐れずにいえば、普天間飛行場は沖縄の米軍基地全体のわずか2・5％だ。普天間飛行場が閉鎖されても、大部分の米軍基地が残されることを県民はよく知っている。抑止力論を持ち出すならば、極東最大級と言われる米空軍嘉手納基地の方が機能的に動くし、よほど抑止力につながっているという意見もよく聞く。

議論がかみ合わないばかりか、自民党の若手国会議員の勉強会では、作家の百田尚樹《ひゃくたなおき》氏が普天間飛行場は「もともと田んぼの中にあり、周りは何もなかった。基地の周りに行けば商売になると、みんな何十年もかかって基地の周りに住みだした」（2015年6月）と発言するなど、フェイクニュース・ヘイトスピーチがはびこるようになった。

県外では「沖縄の二つの新聞はつぶさないといけない」発言が大きく取り上げられたが、わたしたちは普天間飛行場にまつわる発言を最も問題視した。

それまでは、取り上げてもキリがないなどという理由で、ネット上のフェイクニュースやヘイトを報じてこなかったが、この百田氏の発言を機にファクトチェックに取り組み、きっちり報道していかなくてはならないと方針転換した。

私たち沖縄のメディアがネット上の問題に目を背けている間に、事態が深刻化していることがあらわになったからだ。

こうした中で、２０１８年2月の名護市長選はフェイクニュースが選挙に影響を及ぼしたと一部で言われるまでになり、同年9月の県知事選はフェイクニュースであふれた。知事選では、これまでの選挙報道に一線を画すファクトチェックを手探りで進めた。報道が選挙結果に影響を与えかねず、国内では前例がないだけに、悩み、戸惑い、意見も割れた。

正直に言うと取り組みは万全とは言えず、選挙後も議論し考え続けている。基地問題や選挙以外にも対象を広げ、取材手法も過去にやらなかった方法にチャレンジしてまとめたのが、今回の「幻想のメディア」である。

沖縄の問題は「分断の克服」が鍵だと常々、考えている。本書の中で、ある女性が匿名で知事選の面白い動画を発信して話題となり、対立する候補を応援する同僚と話し合うきっかけになったという逸話が登場する。匿名のネット発信が、リアルな世界で主張の違う者同士の対話につながる、一条の光も見えてくる。

ネットに対する「過剰軽視」「過剰期待」のどちらでもない可能性が読み取れることだろう。

なお、登場人物の年齢、肩書きなどは、原則として新聞連載当時のものである。

『ＳＮＳから見える沖縄　幻想のメディア』

◈――もくじ

第Ⅱ章　ネットメディアに何が起こったのか

第Ⅳ章　沖縄県知事選挙　取材ドキュメント
沖縄タイムス社はどう動いたか

第V章　ネットメディア　変化の兆し

装丁：商業デザインセンター・増田絵里

第Ⅰ章

フェイクニュースを検証する

【沖縄タイムスの場合】

✦SNSにあふれるデマや嘘

「フェイクニュース」（偽ニュース）という言葉を使った記事が、「沖縄タイムス」の紙面で初めて掲載されたのは２０１７年2月のことだ。トランプ米大統領が、自身の政策を批判する米大手紙の報道を名指ししたことを伝える共同通信社の配信記事だった。２０１９年1月に連載「幻想のメディア　ＳＮＳの民主主義」が始まるわずか2年前のことだ。

このたった2年の間に、フェイクニュースは、沖縄の報道を取り巻く状況を大きく変えた。特に選挙報道への影響はすさまじかった。もともと新聞や雑誌、テレビなど既存のメディアによる誤情報を指していたフェイクニュースが、県知事選や市長選など地域の選挙を巡るデマや嘘（偽）の情報として、「ソーシャル・ネットワーキング・サービス」（ＳＮＳ＝会員制交流サイト）であふれはじめたのである。

「沖縄タイムス」と「琉球新報」の沖縄県内2紙は、立候補者が訴える政策や有権者の動向を伝えるこれまでの選挙報道と並行し、インターネット上で飛び交う情報を精査し報道する役割を担うようになった。いや、その役割を担う必要性に迫られたといった方が正しいかもしれない。

✦知事選取材班によるファクトチェック

2018年9月13日の沖縄県知事選挙告示日。「沖縄タイムス」編集局は急遽《きゅうきょ》、すでに動いていた通常の選挙取材班とは別に、県知事選に関するネット情報を収集する初のチームを編成した。メンバーは編集局次長を筆頭に社会部デスク、政経部や社会部記者の11人と、ホームページを管理しウェブ用の記事を執筆する総合メディア企画局デジタル部記者1人の計12人。

投開票日直前となる9月26日までの約2週間に渡って、「Yahoo!」のタイムラインや「Google」、またはそれぞれが個人で持つSNSをランダムに検索し、県知事選に関する、デマや嘘の疑いがある情報を集めた。検索にあたっては、①原則1日のどの時間帯でもかまわないが、できれば午後2時ごろまでに作業する。②1回の検索時間は10分程度とする。以上のことを確認した。

情報収集の手法はSNSに詳しい専門家のアドバイスに従った。専門家によると「ネット情報はたいてい昼頃までに更新・発信されることが多い」「同じキーワードの検索で得られる情報は10分間の検索でも、1時間の検索でも、たいした違いは無い」という。

作業の効率を考え、メンバー12人は6人1組のA・Bチームに分かれ、Aチームは奇数日、Bチームは偶数日に検索することにした。検索時間を短時間に絞ったり、チームに分かれての作業は、通常の取材や業務と並行して作業にあたる記者やデスクの負担を考慮しなければならないという会社組織としての事情もあった。

情報収集にあたってはメンバー全員が、「国際ファクトチェック・ネットワーク」（ＩＦＣＮ）の基準の遵守《じゅんしゅ》に努めた。同ネットワークは米フロリダに拠点を置く任意団体。世界的なフェイクニュースの広がりを受けて設立され、いち早く、フェイクニュースの検証基準（①全て同じ基準で事実をチェックする。一方を支持したりしない。公平を保つ　②読者も検証できるように情報源の詳細も公開する　③フェイクニュースを選択した理由、編集、修正などを読者に説明するなど）を公表していた。

こうした基準に沿ってメンバー１人が１日にあげた情報は１件〜数件。５人の合計では１日あたり数件〜十数件になった。２週間の検索期間中にはのべ百数十件となる計算だが、集まった情報の重なりも多く、９月26日までに最終的に集められた情報はちょうど60件になった。

◆編集局挙げての検証作業

情報収集の翌日からは、情報を取材で裏付ける検証作業にも並行して取り組んだ。これには収集チームのメンバーを含む編集局社会部、政経部、各支社支局の記者全てがかかわった。

それでも集められた情報60件のうち、９月30日の県知事選投開票日までに検証に着手できたのは17件と、全体の3分の1にも届かなかった。検証した一部は、県知事選に関するネット情報の検証記事として18年9月27日付朝刊社会面に、「1票惑わす偽情報」の見出しで紹介された。そこに掲載されたSNSのデマ・嘘情報は、「県知事選の2候補者の政策情報対比に関する情報」と「前知事の訪米活動に関する情報」のわずか2件にとどまった。

一連の検証作業は、ネットにあふれるフェイクニュースの真偽を確認し公表する「ファクトチェック」を速やかに実施することが、いかに難しいかということを私たちに突き付けた。一方でそうしたことは当初から、ある程度予想されたことでもあった。

情報の裏づけを一つひとつ取る手間は、日ごろ取材にあたる記者なら容易に想像できる。資料を探したり、人を探したり、いわゆる「裏取り」は順調に進んでも数日、時には数週間ものの期間を要するものだ。SNSからデマや嘘と思われる情報を洗い出しながら、その一つひとつの真偽を確認する作業に相当の時間を要することはあらかじめ想定できた。そのため収集チームの発足を読者に紹介した記事（18年9月14日付朝刊社会面）で、私たちは当初「選挙終了後にフェイクニュースの課題などを総括する」と表明していたのである。

ところが結果として「沖縄タイムス」は、投開票日前の9月27日付紙面での検証記事の掲載に踏み切った。背景には、ネットで日々発信される真偽不明の情報に有権者が惑わされ、選挙結果が歪められてしまうことに危機感を抱いた読者からの声が相次いで新聞社に寄せられたことがあった。

「〇〇という情報がネットで出回っているが、明らかな嘘です。このままでは嘘の情報を信じた人が投票してしまう。なんとかしてほしい」「民主主義を守るため、マスコミには嘘の情報を打ち消す責任があるのではないですか」――それは、フェイクニュースに対し新聞社が沈黙していることへの批判の声でもあった。

◆幻想のメディア取材班の発足

連載「幻想のメディア」取材班は、「SNSから発せられる選挙関連情報によって、誰がどのような影響を受けたか」を検証するため、2018年末に立ち上げられた。

SNSを通して一個人が世界へと発信できる時代、選挙という民主主義を支えるシステムが根底から揺らいでいる現実を、その年に沖縄であった二つの選挙「名護市長選」と「沖縄県知事選」を通して私たちは実感していた。

ただ、これだけネットが普及した今、SNSのあり方を批判するだけで問題は解決しないとも考えた。また、フェイクニュースにようやく向き合いはじめた私たち自身、それに対する答えをまだ持っていないのも事実だった。SNSとどのようにして向き合うべきなのか――。

ネット上の情報の流れをひもときながら、「読者と一緒に考えたい」と私たち取材班は考えた。

✦選挙とフェイクニュースと知事発言

18年に沖縄県であった二つの選挙では、県内の若者の多くがフェイクニュースに影響を受けたと思われた。

それに関して18年9月の県知事選で初当選した玉城デニー知事が、東京都内での記者会見でした発言は、集まった記者を驚かせた。

同じ18年の2月にあった名護市長選で、玉城知事の支援母体でもあった「オール沖縄」が支持した現職市長の稲嶺進氏が、元市議の渡具知《とぐち》武豊《たけとよ》氏に敗れた要因について、玉城知事は「いわゆるフェイクニュースによってゆがめられた情報で投票先を間違えてしまった方々もいたのではないかという結果になった」と述べたのである。

この時、玉城知事が市長選の時の代表的なフェイクニュースとして挙げたのが、プロ野球球団・日本ハムファイターズのキャンプ誘致を巡るSNS情報だった。1978年から長年、名護市を春季キャンプ地としてきた日本ハム。キャンプは市民にとって年間行事ともいえる一大イベントで、市はキャンプを観光の目玉としてもPRしていた。しかし市長選があった当時、キャンプは拠点となっていた名護市営球場の改修工事により中断していた。そんなさなか、あ

日本記者クラブで話す沖縄県の玉城デニー知事＝2018年10月31日午後、東京・内幸町

る情報がSNSに出回るようになった。

〈市長（稲嶺氏）が建て替え工事をしないから日ハムは出て行った〉

18年11月の会見で、9カ月前の出来事を振り返った玉城知事は、名護市は改修工事が完了次第、球団側とキャンプ再開を約束していたとして、SNSの情報は「フェイクニュースだった」と断じた。

「そういう情報でゆがめられて、間違った情報で『えっ？　市長が日本ハムを追い出しちゃったの？』と相手候補に投票したという若い人たちの声を、私は直に聞きました」と、フェイクニュースが若者の投票行動を変えた可能性について触れた玉城知事。

発言は、市長選の7カ月後に行われた県知事選でも、自身についてのデマや嘘の情報がネット上に相次いで発信されたことも踏まえたものだと思われた。

しかし「選挙結果がフェイクニュースにゆがめられた」とする玉城知事の発言は、会見の主要テーマではなかった。この日、記者たちが質問を重ねたのは、知事選の争点でもあった名護市辺野古の新基地建設について、知事となった玉城氏がどう対応するかという点だったからだ。会見を報じる11月10日付の「沖縄タイムス」では、玉城知事がフェイクニュースに触れたことは全く触れられていない。知事の懸念は、公にはほとんど報道されることもなかった。

一方で、取材班は知事のこの発言に興味を抱いた。選挙の当事者でもあった県知事が、選挙中にフェイクニュースの影響を実感したというのである。

◆ネット情報の広がりと影響を探る

連載「幻想のメディア」の柱である第1部は「何が起こったか」と題し、18年9月30日に投開票日を迎えた沖縄県知事選に関して、「SNSでどんな情報が誰によって発信されたか」という事実を丹念に掘り出すことにした。

次いで第2部では「配信の仕組み」をテーマに展開した。県知事選で起こったことを支えるネット情報独特の広がり方が、受信者一人ひとりに与える影響を探った。

連載の取材は困難を極めた。特に、発信者へのアクセスに頭を悩ませた。SNSでは多くの人が、出身や所在、名前などを明らかにせず、いわゆる「匿名」で情報を発信している。特定のSNSを支持する「フォロワー」が数万人単位でいるアカウントでさえ、発信者が誰なのか分からないことはざらだ。

取材の主な作業は、ＳＮＳの中で表示されるわずかな個人情報をもとに発信者を探すことだったと言っていい。著名人や所属を明らかにして発信している人への取材では、個人がＳＮＳを見いだし、使うようになるまでの経緯を詳しく聞いた。

「人はなぜＳＮＳを使うのか」──そういう心理の中に、選挙期間中あれだけＳＮＳの情報があふれる理由があると思ったからだ。

✦SNSの発信力

連載の取材をはじめたのは２０１８年12月。沖縄県内では、県知事選の興奮も冷めやらぬ中、「辺野古新基地建設に伴う埋め立ての賛否を問う県民投票」の実施が決まった。

同じ頃、米ハワイ在住で県系４世の作曲家ロブ・カジワラさんが、インターネット上で県民投票実施まで新基地建設の工事停止を米国政府に求める電子署名の呼び掛けを始めた。この情報は県民投票に関心のある県内のＳＮＳユーザーの間で徐々に広まり、その情報に気付いた「沖縄タイムス」や「琉球新報」など地元メディアで取り上げられると、情報は爆発的に広がっていった。ＳＮＳを使った個人の発信が、既存のメディアでさらに拡散されることで、署名は呼び掛け開始からわずか10日間で、目標の10万件を超えることになった。

一方、署名活動をはじめとするＳＮＳ上の県民投票への注目は、そのまま現実世界での県民投票実施そのものへの注目へと連鎖した。当初５市が参加に難色を示すなど、全県での実施が危ぶまれていた県民投票だったが、社会の関心が高まるにつれ、全県実施への機運も次第に高まっていく。その背景には、県民投票の実施を巡ってさまざまな情報がＳＮＳで発信されたことがあったと思う。

投開票日の２０１９年2月24日、開票結果を待つ那覇市内の会場には、県民投票条例の請願者であり「辺野古」県民投票の会代表の元山《もとやま》仁士郎《じんしろう》さんと固い握手を交わすカジワラさんの姿があった。この間、「沖縄タイムス」をはじめとする地元メディアは県民投票の行方を丹念に追った。しかしそれ以上に、ＳＮＳでの情報の広がりが、県民投票の実施を後押ししたことは間違いない。

✦情報の信頼性

専修大学の山田健太教授（言論法）によると、２０１７年秋の衆議院議員選挙後に、首都圏５大学約５００人にアンケートした際の結果からは、ＳＮＳは信頼性が低いものの利用度は高い現状と、信頼メディアとしては新聞やテレビを挙げる学生が多い実態が浮かび上がったと指摘している。

また実際に投票した人の政治情報の入手先メディアは、選挙期間かどうかにかかわらずテレビが圧倒的に多かった。ただし選挙期間中になると、新聞や口コミなどその他情報源と同程度にＳＮＳの比率が高まることも示されている。

果たしてネットにあふれる情報は誰に向けて発信され、誰の元に届いて、どのような影響を及ぼしているのだろうか——取材班の暗中模索が始まった。

（「幻想のメディア」取材班デスク・黒島美奈子）

第Ⅱ章

ネットメディアに何が起こったのか

1 マイク代わりにSNSで政策発信 垂れ流される情報と根拠ない中傷

◆実はネトウヨでした

〈亡くなった父・翁長雄志《おながたけし》の後継者として、バトンを受け取った玉城デニー氏。一緒に最後まで頑張り抜きます。〉

沖縄県知事選挙の投開票日を控えた2018年9月5日、玉城デニー候補（当時）の支援者の会・青年局長を務めていた那覇市議会議員の翁長雄治《たけはる》さん（31歳）は、初めて自身のツイッター（短文投稿サイト）のアカウントを開設し、こうツイート（投稿）した。

選挙運動のモットーは「マイクの代わりにSNS」だ。候補者の政策を自分の言葉で伝えるという狙い通り、雄治さんのアカウントは開設からわずか2週間弱でフォロワーが4千人を超えた。選挙期間中に発信した内容の多くが千件以上の「リツイート」や「いいね」の反応を得た。

ツイートする際、雄治さんは自身に二つのルールを課し、守ったという。一つは「自分がうそだと思っていることは書かない。相手候補を批判しすぎない」。二つ目は「客観的に書く」。

〈売国奴の息子ってどんな気持ち？〉

一方でツイートには、名護市辺野古《へのこ》への新基地建設に反対したことを理由に、インターネット上で〈売国奴〉などと中傷され続ける前知事で父の雄志さん（故人）を引き合いにした投稿も寄せられた。主義主張の異なる人へ攻撃的なコメントをネット上で展開する、いわゆる「ネトウヨ」と呼ばれる人たちからのツイートだ。

これに対し雄治さんは「面と向かって言われているわけではない。何とも思わない」と淡々と受け流す。そう思える背景には自身が大学生だったころの体験があるという。

「実は僕も、ネトウヨのはしりみたいなものだったんです」

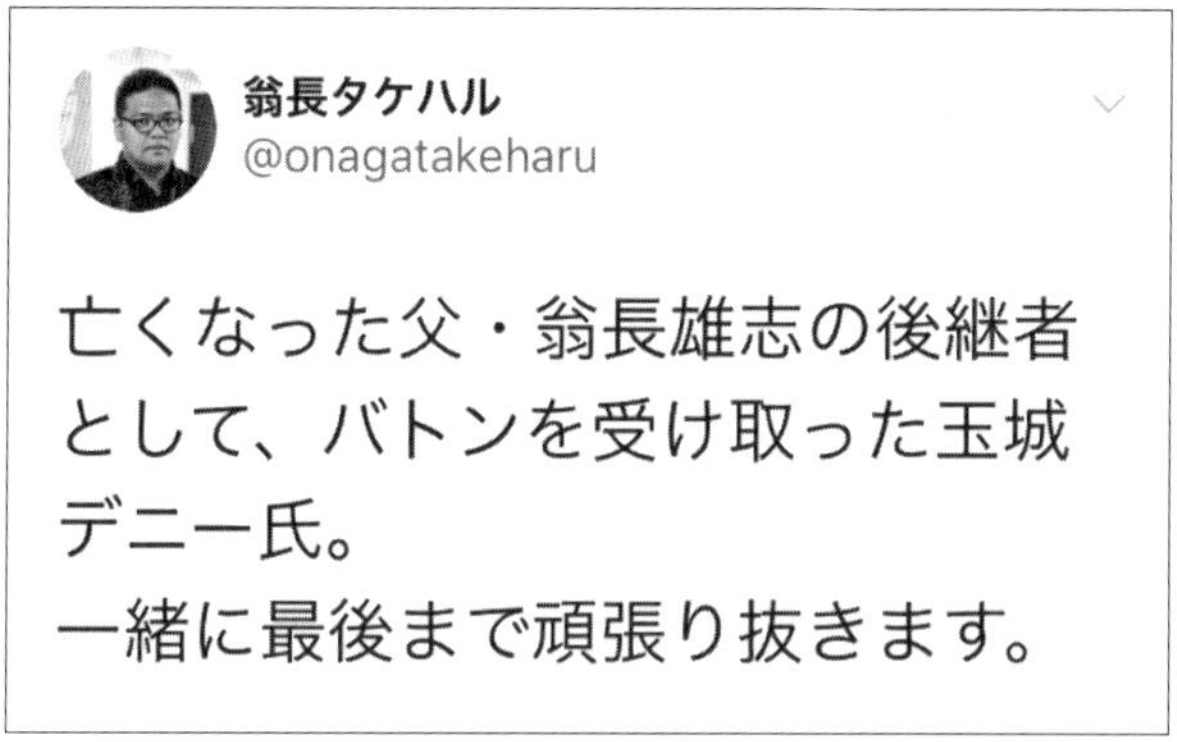
翁長タケハル
@onagatakeharu
亡くなった父・翁長雄志の後継者として、バトンを受け取った玉城デニー氏。
一緒に最後まで頑張り抜きます。

翁長雄治さんは 2018 年 9 月 5 日にツイッターアカウントを開設した。自己紹介のツイートをした後に投稿したのは玉城デニーさんを応援する内容だった

✦ミクシィばかりやっていた

２００９年、翁長雄治さんは千葉県内の大学に通っていた。

「部活と授業以外にやることがない。一人家にいることが多くてｍｉｘｉ（ミクシィ）ばかりやっていた」と振り返る。ミ

インタビューに答える翁長雄治さん＝2019年1月8日、那覇市内

クシィは、匿名でネット上の自分の「日記」に気になるニュースのリンクを貼り付け、記事への意見を書くことができるインターネットの会員制交流サイトだ。

政治に興味があった雄治さんは、毎日のように匿名の人たちが書く日記を見続けた。

〈民主党になったら中国に支配される〉

そんな時、興味を引いたのがこんな一文だった。当時、新聞やテレビでは連日、民主党による政権交代が取り上げられていた。しかし論調はどれも政権交代を歓迎する内容に思え、みんなが同じ方向を向いていると違和感を覚えていたという。雄治さんは、そうしたメディアの論調を真っ向から否定する日記の言葉に引き付けられた。

「日記を見続けていると、まるでそれが自分の思想のような感じがしてくる。真実はネットにこそあると思っていた」

いつしか自身も日記に民主党政権への批判的なコメントを書き込むようになった。

◆ネットへの違和感と叩かれる父

一方、古里の沖縄が日記で取り上げられると、ミクシィの中の意見とは考えが合わないと感じた。

〈基地を受け入れないのは沖縄のわがまま〉

〈(基地に反対なら)中国に支配されればいい〉

「なぜ沖縄に来たこともない人たちが批判するのか。なぜ沖縄が基地を拒んだら文句を言われないといけないのか」と、雄治さんは疑問に思ったという。

こうした意見への違和感をさらに強く抱くようになったのは13年1月、那覇市長だった父の雄志さんがネット上でたたかれるようになってからだ。東京で米軍普天間《ふてんま》飛行場の県内移設断念とオスプレイの配備反対を訴えるデモの先頭に立った雄志さんに対し、ネットでは〈売国奴〉〈反日だ〉といった批判的なコメントがあふれるようになっていた。

政治家の父は、沖縄の基地問題は日本国民全体で考えなければならない問題だと常々語っていた。大学卒業後に沖縄に戻り就職していた雄治さんは、そんな父を間近に見ていた。「寝る間も惜しんで市民のために行動する父が、なぜこんなふうに言われなければならないのか」と憤りを感じた。

翁長雄治さんら若者たちが父雄志さんへのデマを逆手に取ったネット番組を制作、配信した

一方で頭をよぎったのは、大学生の頃、民主党に所属していたある国会議員に、まさに今、父に向けられている同じ言葉を放っていた自分の姿だ。

「僕がたたいてきた議員のことはちゃんと知っていたんだろうか」

——雄治さんは今も自問自答している。

◆垂れ流される根拠なき情報

〈翁長雄志の家のテレビはどこの製品でしょうか〉

〈翁長雄志は、パンツは何派？〉

2014年10月、雄治さんの父・雄志さんが県知事選に立候補した。大学卒業後に沖縄で就職していた雄治さんは父を応援するため、20代の支援者たちと一緒に、動画配信サイト「ニコニコ動画」でインターネット番組を制作、放送した。

番組制作で心掛けたのは父の人柄を面白おかしく伝えること。前年13年の米軍オスプレイ配備反対の東京デモ行進以来、デモの先頭に立った父がネットで〈反日〉〈売国奴〉とたたかれているのを逆手に取った。

「ネットの中傷にむきになって反論するよりは、ポジティブに向き合うほうが良い」。大学生だった頃、ネットで繰り広げられる言説だけを根拠に国会議員への批判を発信し続けた自らの体験も重なった。

「簡単に批判できるのは知らないからだ」。ネット上に流れる情報をうのみにする危険性を実感していた。

父が知事に就任すると「攻撃」は家族にも及ぶようになっていた。

〈翁長知事の娘は中国人と結婚している〉

2015年の県議会、代表質問に立ったある議員が、父に「ちまたで知事は中国と親しいとされている」と質問した。ネットの情報をうのみにした質問であることは明らかだった。これに対し「なぜ僕が中国と仲が良いと思うんですか?」と、議場で問い返した父の言葉が印象に残っている。根拠のない情報をうのみにする議員の姿勢を毅然と批判したものだった。

✦それでも見いだす役割

そんな父が急逝した18年秋、雄治さんは再び県知事選にかかわる。

玉城デニー候補の支持者の会の青年局長となり、ツイッターで玉城候補が掲げた子育て政策などを繰り返しツイートした。

政策を届けたい先は若者世代や幼い子どもを育てる親たちだ。

2018年9月の県知事選開票日、玉城デニーさん（前列中央）当確の報を受け喜ぶ翁長雄治さん（後列中央）

訪れた先では若い女性から「ツイート見てますよ」と声を掛けられ、メッセージが確実に届いていることを実感した。

同じネット上では玉城候補に対する真偽不明の情報「フェイクニュース」も出回ったが、それでも雄治さんはSNSの役割に展望を見いだしている。

「その場にいない人たちにも思いや意見を届けることができる。僕たちが発信し続けることで、沖縄の基地問題も、沖縄県外や国外の人に伝えられるはず」

●ことば　ネトウヨ

インターネットの「ネット」と「右翼」を合わせた造語。会員制交流サイト（ＳＮＳ）やネットの掲示板、ブログなどで右翼的な考えを展開する人たちのことを指す。主義主張を唱えるだけにとどまらず、自身の思想に反する意見に攻撃的なコメントを展開する人々全般を称することが多い。

●ことば　売国奴

売国行為をする者に対する侮蔑語。何をもって売国とするかは個人の政治的信条で異なるため、明確な定義はない。近年は国策を批判する人々に対し、インターネット上で使われることがある。

2 共感や批判の投稿で明暗 現実と連動させた発信の影響力

✦成功体験から

2018年9月19日、県知事選候補者の佐喜真淳《さきまあつし》さんを支援する会の青年部長だった那覇市の嘉陽《かよう》宗一郎さん(24歳)は、1本の動画をツイッターに投稿した。

〈沖縄が変わる、いや僕らの世代で沖縄を変えていく〉

〈私は佐喜真淳さんを応援しています〉

〈ほかにも3名の素晴らしい立候補者が出ています。4名の政策を比較して、誰が一番自分が理想とする沖縄に近いのかということを考えて、投票は必ず行ってほしいです〉

動画は約2分。画面の向こうの閲覧者に直接語り掛けるように正面を向き、身ぶり手ぶりを交えながら話した。動画は千回以上リツイートされ、再生回数約5万回の反響を呼んだ。

ツイッターで呼び掛けようと思った背景には、2018年2月の名護市長選での成功体験があった。渡具知武豊候補（現名護市長）の支援者の会の青年部長を務めた嘉陽さんは、候補者が掲げる若者向けの政策を頻繁にツイートした。結果、相手候補に比べ若い支持者の獲得につながったと感じた。

ネットの発信と合わせて、名護市出身の若者を集め、意見を候補者の政策に反映させる会議を開いたことも効果があったと考えている。県知事選での動画投稿は、「ネットの情報はリアル（現実）と連動すると価値が上がる」との経験則からだった。

しかし好調なスタートを切ったかに見えた情報発信は、思わぬ方向へ転んだ。ネット上で相手候補を誹謗《ひぼう》中傷する発信者不明の投稿が相次ぎ、佐喜真候補側の情報発信に影を落としたのだ。

「正直迷惑だった」と嘉陽さんは振り返る。

✦千人を超えたフォロワー

嘉陽さんがツイッターのアカウントを開設したのは高校3年生の4月。前年から持つようになったスマートフォンで、日常の出来事を気軽に投稿

嘉陽宗一郎さんが2018年２月の名護市長選時にアップしたツイート。候補者の渡具知武豊さんを紹介した

していた。

そんな使い道が転機を迎えたのは大学生の頃だった。２０１５年４月、若者に自分の夢を発表してもらい実現を支援するイベントを開く学生団体「Ｍｏｖｅｍｅｎｔ（ムーブメント）」を立ち上げたことがきっかけだ。

「私自身に興味を持ってもらうことで、団体のイベントに足を運んでもらいたい」――そんな思いから、日々の出来事のほかに、ニュースへの意見などもつづり始めた。ツイートは共感を呼び、当初３００人ほどだったフォロワーは、初回のイベントが終了した11月には千人を超えていた。

✦選挙情勢への拒否反応と期待感

こうした活動が議員たちの目に留まり、翌16年からは選挙運動に関わるようになった。市長選や衆院選で若者向けの候補者ＰＲ動画を作成し配信した。しかし選挙に関する発信が増えるにつれ、嘉陽さんのアカウントには批判や中傷が多く寄せられるようになった。

〈何も知らないくせに政治に首を突っ込むな〉

〈大人に利用されているだけ〉

「大学の同級生から『ツイート見てると疲れるからフォロー外したわ』と直接言われて落ち

込んだこともあった」と嘉陽さん。選挙情報を発信するようになって知ったのは、政治的な主義主張に対する同世代の若者たちの拒否反応だった。

「選挙に関心がない人も多い。でもだからこそ発信する意義もある」。頭をよぎったのは15年のムーブメントの成功だ。翌16年、短文投稿のツイッターと違い字数制限のないブログを新たに開設し、より丁寧に政治に対する自らの思いを発信するようにした。

18年2月の名護市長選で応援した候補者の勝利は、こうした経験を踏まえた先にあった。投開票日の前日には【#（ハッシュタグ）とぐち武豊の秘密を暴露】と題して、候補者の政策に若者たちの案が採用された経緯を紹介したブログのリンクをツイッターに掲載し、瞬く間に拡散された。

ＳＮＳの力を感じた。

インタビューに答える嘉陽宗一郎さん＝2019年1月10日、那覇市内

◆無党派層に発信

ＳＮＳを駆使し、若者を巻き込むことに成功した名護市長選から半年後の２０１８年８月末、嘉陽さんは、沖縄県知事

選で佐喜真淳候補を支援する会の青年部長を任された。

若者や子育て世代が関心のある政策を中心にＳＮＳで発信した。意識したのは、無党派層に候補者の人柄を伝えることだ。若者とフットサルに興じる佐喜真さんの写真をツイッターに投稿したのも、そんな思いからだった。

〈リフティングがうまかった！〉

実際に参加した人からの好意的な投稿が拡散され、堅苦しい政治家のイメージを和らげることができたと感じている。

一方このころ、選挙事務所内では、相手候補の玉城デニーさん（現知事）側とのツイートの拡散力の差に焦りの声が出ていた。嘉陽さんは「フォロワー数やリツイート数が支持の広がりのバロメーターという見方があった」と話す。

相手候補への誹謗中傷やデマ情報が飛び交っていると新聞報道で知ったのは、そんな時だ。

✦イメージダウン

嘉陽さんは「互いの候補者に対しデマが流れているのは知っていた。けれど、ここまでとは」と振り返る。相手候補を中傷する投稿は、結果的に佐喜真さんのイメージダウンにつながったと見る。「支持者自身が応援されるような人間じゃないと、候補者も応援されない。この投稿

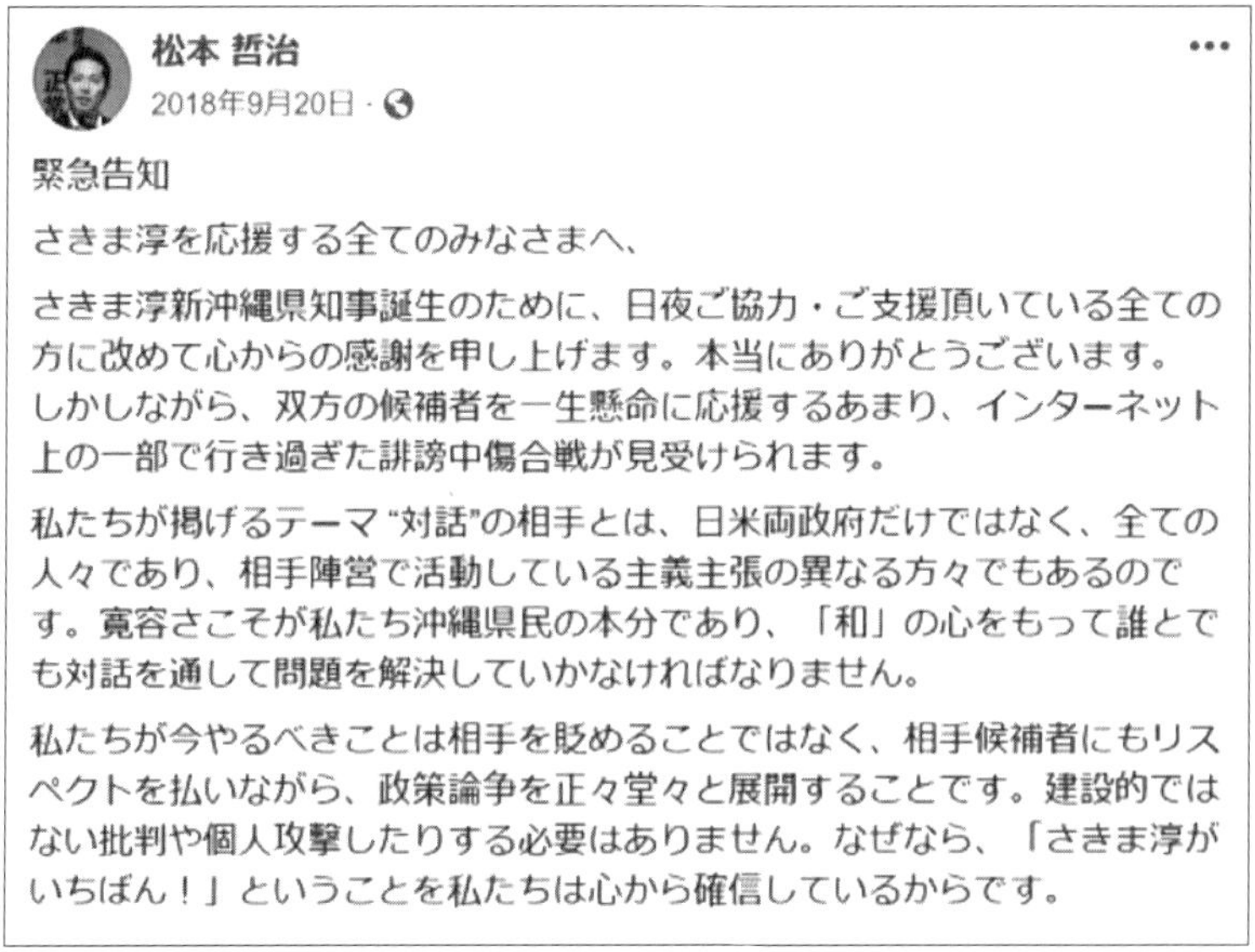
松本 哲治
2018年9月20日・

緊急告知

さきま淳を応援する全てのみなさまへ、

さきま淳新沖縄県知事誕生のために、日夜ご協力・ご支援頂いている全ての方に改めて心からの感謝を申し上げます。本当にありがとうございます。しかしながら、双方の候補者を一生懸命に応援するあまり、インターネット上の一部で行き過ぎた誹謗中傷合戦が見受けられます。

私たちが掲げるテーマ“対話”の相手とは、日米両政府だけではなく、全ての人々であり、相手陣営で活動している主義主張の異なる方々でもあるのです。寛容さこそが私たち沖縄県民の本分であり、「和」の心をもって誰とでも対話を通して問題を解決していかなければなりません。

私たちが今やるべきことは相手を貶めることではなく、相手候補者にもリスペクトを払いながら、政策論争を正々堂々と展開することです。建設的ではない批判や個人攻撃したりする必要はありません。なぜなら、「さきま淳がいちばん！」ということを私たちは心から確信しているからです。

松本哲治浦添市長が2018年9月20日にフェイスブックで公開した「緊急告知」の一部

をしたらどんな反応があるのか、冷静に考えてツイートしてほしかった」と残念がった。

〈さきま淳を応援する全てのみなさまへ〉

事態を重く見た事務所は告示1週間後、選対本部長を務めていた松本哲治浦添《うらそえ》市長が自身のフェイスブックで、誹謗中傷の自粛を求める「緊急告知」を発表した。

松本市長は「緊急告知は、われわれ自身が中傷を流していると受け取られかねない懸念もあり、選対本部内からは反対の声もあった。しかしエスカレートしていくのを防ぎたかった。双方の正しい政策論争につながればとの思いだった」と、当時を振り返り発信の意図を語る。

県知事選の経験を通して選挙におけるSNSの重要性を再認識したという嘉陽さん。「今後確実に、SNSを使って選挙に参加することが主流になる」と見据える。

そして「建設的な議論を通して新しい未来を切り開く。ＳＮＳがそんなツールになればいい」と語った。

●ことば　#（ハッシュタグ）

ツイッターやフェイスブックなどで、特定のテーマについての投稿を検索して一覧表示するための機能。関連した投稿を探しやすくなる一方、拡散されやすくなる効果がある。

3 検証記事でフェイクニュース紹介 発信者は感情的に反発

◆フェイク判定

2018年9月の沖縄県知事選告示翌日の未明、短文投稿サイトのツイッター上にこんなツイートが投稿された。

〈情けなくて涙が出てくる。こんな人が県知事候補ですか。「私には米国人の血が流れてるから米国に物が言える」……共産党出馬の翁長知事が訪米しても政府関係者の誰にも会えなかったし、沖縄の米軍基地の中にすら入れなかったのに、ハーフってだけで米国に堂々と意見できるとか、いい加減にしなさい〉

ツイートとともに玉城デニー候補が、支援者らに囲まれ演説する動画も添えられていた。

後に沖縄タイムスの検証により虚偽情報（フェイクニュース）と判断されたツイートだ。

県知事選は、SNSで盛んに選挙運動が展開された一方、候補者をおとしめるようなフェイクニュースや、真偽不明の情報がインターネット上であふれた。沖縄タイムスを含むメディアは、そうしたネット上の情報を検証する記事を掲載した。

選挙期間中、沖縄タイムスの記者が集めた虚偽の疑われる情報は60件。そのうち虚偽の疑いが濃厚と思われる17件の情報について検証。関係先への取材の結果、2件をフェイクニュースとして投開票日前の紙面で紹介した。

2018年の県知事選期間中にツイッター上に投稿されたフェイクニュース

◆匿名発信者の主張と取材の試み

その一つが、アカウント名「Aさん」（仮称、実際のアカウント名も匿名）が投稿したツイートだ。取材の結果、ツイートした内容は事実と異なることが確認できた。翁長雄志前知事（故人）が共産党から出馬した事実はなく、訪米の際には米政府関係者と面談していたことが分かっている。沖縄県担当課からは、前知事が県内の米軍基地内に入れなかった事実はないことも確認した。

Aさんは、日頃から積極的に政治についての情報を発信しており、ツイッターで公開されているプロフィルには、ツイートすることを「保守活動」の一環と紹介している。県知事選で事実に基づかない情報を発信したAさんに取材を試みた。

18年の県知事選挙中、本紙がフェイクニュースと判断したツイートを投稿したAさんは、14年にアカウントを開設し、フォロワー数は2万7千人を超える。SNS上で一定の影響力を持つ発信者「インフルエンサー」だ。ツイッター上では自らが自民党員であることも公表している。

Aさんの18年9月14日未明の投稿には、翌15日現在でリツイートが3千件以上あった。ツイートの内容に対する賛同を示す〈いいね〉のボタンを押した件数は5千件に上っていた。

それらの件数は、多くの人がAさんの投稿により知事選候補者について正確性に欠く情報を信じた可能性を示している。選挙期間中ということを考えれば、有権者の投票行動に影響を与える恐れもあった。

18年1月、Aさんと近しいと思われる関係者らを訪ね、接触を試みたが、実現できなかった。ツイッター上でも直接の取材を申し込んだが、会うことは拒否された。一方でAさんは公開でなら質問を受ける意思を示し、日々投稿する意図をこう説明した。

〈私は普通の県民です。SNSの動機はマスコミが革新系の政治家、活動家とタッグを組み、偏った情報を発信することで沖縄の政治や民意が歪められていくのに耐えられず、少しでもそ私は普通の県民です。SNSの動機はマスコミが革新系の政治家、活動家とダッグを組み、偏った情報を発信することで沖縄の政治や民意が歪められていくのに耐えられず、少しでもそれ以外の県民の声を伝えたいと思ったからです。私は何かあっても反論する術がありません。公開の場でご質問をお願いします。

沖縄タイムス「幻想のメディア」取材班 @gensoutimes
[redacted] 突然申し訳ありません。こちらは沖縄タイムス社会部取材班です。取材協力のお願いをお送りさせていただきます。ご検討ください。

フェイクニュースを発信したAさんからの取材への返信（画像の一部を加工）

れ以外の県民の声を伝えたいと思ったからです。私は何かあっても反論する術がありません。公開の場でご質問をお願いします〉

✦判定への反論

一方、県知事選中の一部の投稿がフェイクニュースと判断されたことについては、反論した。

〈「２０１４年に日本共産党を含むオール沖縄の候補として知事選への出馬要請を受けた」とあります。これって共産党から出馬と同じではないですか？〉

14年の知事選で翁長雄志氏を支援したのは、社民、社大、共産、生活の各党と、県議会会派県民ネットに加え、自民を離れた那覇市議会保守系会派の新風会や経済界有志だ。共産も支援団体の一つではあったが、「共産から出馬」との表現は事実と異なる。

Aさんは、翁長前知事が訪米した際に米政府関係者と会えなかったことや、県内の米軍基地内に入れなかったことについても反論したが、どれも、フェイクニュースとした沖縄タイムスの検証結果を覆《くつがえ》す内容ではなかった。

県知事選期間中にツイッターに投稿した内容について、ツイッター上で取材班の質問を受ける意思を示したAさんとのやりとりは、4日にわたって続いた。Aさんはツイートでたびたび沖縄タイムスの取材姿勢を批判した。

〈ツイッターを漁《あさ》って一個人のツイートを記事にして「検証」するとか、どれだけ暇なのでしょう。しかも玉城知事側に批判的な人だけ。言論弾圧でしょう。保守系にも罵詈雑言浴びせてる方々も同様に検証してはいかが？〉

こうしたAさんのツイートに呼応し、2万7千人を超えるAさんのフォロワーらも加勢した。

〈取材と称して個人情報を引き出し、活動家に流すことが目的の行動としか思えませんね〉

〈関わってはだめ。必ず事実を捻じ曲げて記事にします。中共の工作機関だと思って下さい〉

取材の意図が曲解され、さらに過激な表現となり、フォロワーらによって拡散されていった。こうしたAさんのツイートに対し、2千件以上のリツイートが確認できる投稿もあった。しかし結局、Aさんとのやりとりでは選挙期間中に事実誤認に基づいた投稿をしたことについて、直接の回答はなかった。

◆バックファイアー効果

ジャーナリストで専修大学の武田徹教授（メディア社会学）は、不正確な情報がネット上で氾濫する状況に関して「民主主義にとって、正しい情報は不可欠。誤った情報で地域社会のかじ取りを間違うことはあってはならない」と話す。

ただ、マスメディア側による性急なファクトチェックによって、ネットユーザーが感情的に反発し、フェイクニュースへの信頼をさらに強めてしまう「バックファイアー効果」という現象が世界中で起きていて、国内でも社会の分断が深まる恐れがあると指摘する。

その上で、武田教授はマスメディア側がすべきは、淡々と事実を提示していくことだと説く。「SNS上でどのような情報が広がり、情報がどう編集されていったかというプロセスを可視化できれば、真偽が不確かな情報が拡散される流れが分かる」とし、「ネットユーザーが自分自身で正しい情報を収集するための参考になり、結果的に選挙などでより冷静な判断をすることにつながる」と期待した。

◆政治家の投稿もファクトチェック

インターネットを使った選挙運動が2013年に解禁されて以降、政治家によるSNSでの発信が活発化している。2018年の県知事選でも国会議員らの投稿が多くのフォロワーらに拡散されるとともに、その内容の真偽がメディアのファクトチェック（事実検証）の対象になった。

〈山本太郎さんは、公約を守らないサキマ候補について、2年前の市長選挙では「学校給食費は完全無料化に向けて取り組んでいます」としながら、当選して年が明けると17年4月に給食費を値上げしたことを指摘。私も知らなかったので調べたら本当にそうだった〉

玉城デニー候補を支援した伊波《いは》洋一参院議員が18年の知事選期間中、佐喜真淳候補について投稿した一文だ。

伊波氏や玉城氏を応援するSNSユーザーらが拡散した。

この投稿に対し、沖縄タイムスは宜野湾《ぎのわん》市への取材の結果「フェイクでない」と判断したが、一部ネットメディアは「ミスリード」と判定し、結論に差が出た。

2012年の市長選で「小学校給食費の段階的無料化」を掲げて当選した佐喜真氏は、13年度から小学生対象に実質半額助成を導入した。しかし食材費の高騰を理由に17年度から小学生で月3900円から4300円に、中学生を4500円から4900円に値上げした。小学生の半額負担を継続する一方、中学生は対象外とした。

これらの事実から伊波氏は「ミスリードにはあたらない」と強調、「公約の無料化が実現できていない状況で給食費を値上げしたのは事実だ」と指摘する。

〈玉城氏の誇大宣伝がわかりました。（中略）デニーさん、ゆくさー（嘘つき）です〉

佐喜真候補を支援した公明党の遠山清彦衆院議員のツイッターへの投稿も物議を醸した。玉城候補が告示後、沖縄振興一括交付金の創設を政府与党（当時は民主党）に直談判して実現にこぎつけたとSNSに投稿したことに対するものだ。一部メディアが遠山氏の投稿は正確性を欠くと報道したことで、遠山氏は後日、ツイッターなどで投稿の表現が強すぎたなどと釈明した。

ただ当時、一括交付金の創設には野党だった自民・公明の協力が必要だったことや、沖縄振興一括交付金の根拠法の修正協議に、玉城氏が交渉委員として参加していなかったことなどを理由に、玉城氏の投稿が誇大宣伝であるとの主張は維持し続けている。

県知事選の期間中にはこのほかにも、真偽不明の情報などを国会議員や首長経験者らが拡散する事例が散見された。しかしこうした投稿をファクトチェックの対象とするか否かは報道機関によっても差が出た。

●ことば　フェイクニュース

事実でないうそやデマが含まれた偽ニュース。近年では、会員制交流サイト（ＳＮＳ）などで個人が発信した偽情報も含む。２０１６年の米大統領選では「ローマ法王がトランプを支持」「クリントン氏がＩＳに武器を売った」などのフェイクニュースが流れ、注目を集めた。

4 若者が「#」で発信 デマは放置してはいけない

✦ガンバロー三唱ではなく

玉城デニー候補の支持者の会では、これまでほとんど選挙運動をしたことがない10～20代中心の約60人が「若者チーム」を発足させていた。チームの役割は、ビラの配布など従来の選挙運動に加え、SNSでの発信や若者向けイベントの企画など。その中で生み出されたある言葉が、SNSであっという間に拡散された。

〈#デニってる〉

候補者を支援する気持ちを表現する言葉として若い支持者の会話からできた造語だ。いつしか、特定のテーマについての投稿を検索できる機能「#（ハッシュタグ）」を付けて発信されるようになり、支持者以外のSNSでも使われるようになった。告示後の選挙集会では「デニってる」コールが起きた。

県知事選での若者の選挙運動に興味を示した県外の学生たちと交流する徳森りまさん（中央）＝2019年1月14日、那覇市内

チームを引っ張ってきた那覇市在住の徳森《とくもり》りまさん（31歳）は、「いつもの集会だと拳を振り上げたり、ガンバロー三唱したり、でもそれは若者になじみがない。あの言葉は、若者たちの選挙への抵抗感を少なくし、発信しやすくしてくれた」と振り返る。

✦情報の二次使用

一方、インターネットを使った選挙運動の怖さも実感した。

県知事選直後の那覇市長選では、玉城候補を支持した若者の多くが城間幹子候補（当時、現市長）の応援に回った。その一人、ある学生（21歳）は、市長選告示後、ほかの支持者と共に朝の通行車両への呼び掛けに参加した様子を写した写真をネットに上げたいと選挙事務所の担当者に相談され、了承した。

だが選挙後、学生はその画像を思わぬところで目にすることになった。学生の選挙運動に否定的なコメントとともに画像が使われていたのは、動画投稿サイト「ユーチューブ」で流れているネット番組だ。学生は「まさか自分の画像が、知らないところで別の動画の材料に使われるとは思わなかった」と驚く。ネットで公開された情報の二次使用は避けられないと強く感じた。

19年春に就職活動を控えているという学生は、「間違ったことはしていないけど、就職の面接官があの動画を見ているかもしれないと思うと……」と表情を曇らせる。「いったんネットで扱われると、自分が嫌でも流布されてしまう。それが怖い」とつぶやいた。

✦デマ対策

「やはり始まった」「発信源をつぶしていこう」

県知事選のあった18年9月上旬、玉城デニー候補の選挙母体のインターネット対策担当者は、知り合いのSNSユーザーらに連絡した。

「デマ切りを始めてください。〇〇さんのツイートを集中的にお願いします」

知事選では8月下旬ごろから、玉城氏や故翁長雄志前知事をおとしめるような動画サイトが出現していた。担当者らの脳裏にあったのは半年前の名護市長選だ。

ある議員らが選挙期間中、現職候補者を批判する虚実ないまぜの動画付き投稿を拡散し続けた。結果、プロ野球球団の春季キャンプ一時撤退が現市政の失政だとするデマなどが、市民らに浸透していくのを感じたという。

「名護市長選ではデマ対策が遅すぎた。二の舞いは避けたかった」と、この担当者は振り返る。

名護市長選で落選した現職の稲嶺氏を支援した「オール沖縄」側は、翁長雄志知事の再選に向けて3月ごろから選挙準備に取り掛かった。名護の苦杯《くはい》を念頭に、特にネット対策を重視し、デマ情報を見つけ対処する「デマバスター」チームを結成した。

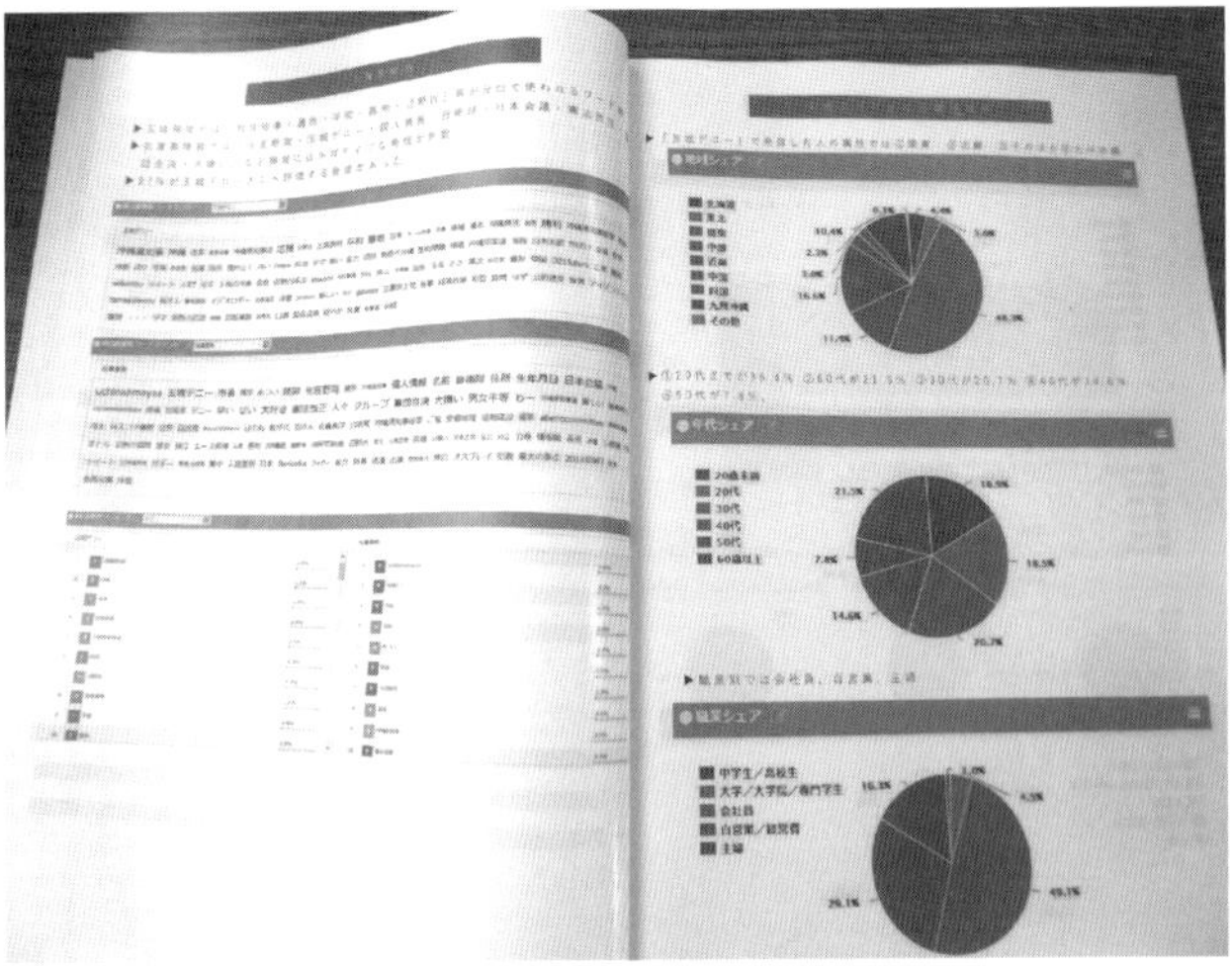

玉城デニー氏の選挙母体が作成した県知事選でのインターネット戦略をまとめた資料

◆SNSユーザーでチーム編成

「デマにデマで対抗しても有権者はついてこない。発信者の間違いを地道に追及することで、相手はその反証作業に追われるし、偽情報を発信し続けていると、その人の信用度が低下する」と、ネット対策担当者の一人・平良暁志《たいらさとし》さん（45歳）は語る。

市民団体や、県内で積極的にSNSで発信しているユーザーらにチーム編成を促した。発信源に注視し、誹謗《ひぼう》中傷などでの対抗ではなく、それぞれで事実を並べて反論するよう呼び掛けた。

デマ対策は選対事務所に出入りしなくても、スマートフォンがあればどこでもできる「選挙運動」だ。平良さんは「『デマを放置してはいけない』が名護市長選の教訓だった」と強調する。このチームのメンバーらは、名護市辺野古の新基地建設を巡る2月の県民投票に向けた「新基地建設反対県民投票連絡会」の広報宣伝も担当した。

平良さんは「さらに高度な手法で悪質な虚偽情報が発信される恐れがある。知事選での取り組みを踏まえ、正しい情報やこちら側の主張を発信することで、有権者の選択に必要な情報提供をしていきたい」と話した。

●ことば　ユーチューブ（YouTube）

無料で利用できる動画投稿サイト。独自に制作した番組を継続的に公開し、その広告収入で生計を立てる人や集団を「ユーチューバー」と呼ぶ。

5 広告なしで感じる政治的意図 BuzzFeedが暴いた沖縄フェイクの闇

◆寄せられた情報

2018年9月上旬、オンラインメディアのバズフィードジャパン（BuzzFeed Japan・東京都）に、読者から「選挙に関して問題だと思うサイトが出回っている」との情報が寄せられた。

タイトルは〈沖縄県知事選挙2018〉と〈沖縄基地問題・com〉。

一見、公式機関のサイトのようだが、取材に当たったバズフィードジャパン社の籏智《はたち》広太《こうた》記者（29歳）は、「内容のほとんどは知事選候補者だった玉城デニーさんをおとしめる誹謗中傷だった」と振り返る。

◆デマ情報の氾濫

バズフィードジャパンは2015年に設立された。前知事の故翁長雄志さんが在任中の頃から沖縄に関する報道に力を入れてきた。

創刊編集長の古田大輔さん（41歳）は、「日本の安全保障の問題として基地問題がある。東京のメディアが取り上げないのはよくないと思い、積極的に発信している」と、その理由を語る。

籏智記者は「沖縄を巡るデマや誹謗中傷は『ニュース女子』の問題をきっかけに噴出した感じがあった」と語る。

2017年1月、東京MXテレビの番組「ニュース女子」が米軍ヘリパッド建設への抗議行動に関し、参加する人は「日当をもらっている」など事実と異なる点や、「反対派の中には韓国人はいるわ、中国人はいるわ」と、人種差別につながる発言を報道した。

その後、放送倫理・番組向上機構の放送倫理検証委員会が、番組に「重大な倫理違反があった」とする意見を公表した。

それまでネット上だけだった真偽不明の情報がマスメディアにも広まったことに強い危機感を覚えたという籏智記者は、翁長さん個人への攻撃もますます加熱していたことから、「次の県知事選でも、誹謗中傷が飛び交うことは予測していた」と語る。

基地問題が争点となった沖縄県知事選の告示後には、記者2人を沖縄に派遣した。地方の首長選挙にここまで注力するのは初めてだ。

バズフィードジャパンが沖縄県知事選に関して配信した記事は24本。そのうち、10本がネット上の情報などを基にした事実を検証する記事だった。

古田さんは「多種多様なフェイクを目にすることで、有権者の投票行動に影響を与える可能性がある。この情報は間違いだということを読者に伝えなければならないと考えた」と説明する。

◆消えたサイト

〈壊し屋と共産主義者が沖縄を滅ぼす!?〉

〈玉城デニー氏と豪華別荘の関係！〉

前述のサイト〈沖縄県知事選挙２０１８〉〈沖縄基地問題．ｃｏｍ〉には、バズフィードジャパンがこれまで取材したフェイクサイトと同じように、読者が思わずクリックしたくなるような文言が並んでいた。

一方、これまでのサイトにあった「広告バナー」は見当たらなかった。

フェイクニュースを発信する目的の一つが広告収入だ。サイト運営者はより興味を引く見出しを付けて読者のクリックを誘い、その数によって広告料を得ることが多い。しかし両サイトに広告バナーはなく、籏智記者は「政治的意図があると感じた」と話す。

バズフィードジャパンの検証記事配信後、ほどなくして両サイトは消えた。

◆指摘できる報道機関に

デマの検証やファクトチェックに力を入れたことに古田さんは、「一つのフェイクが決定的な影響を投票行動に与えるというよりは、多種多様なフェイクをいろんな形で目にしてそれが影響を与える可能性がある。これは間違いだというのをきちんと指摘しないといけないと考えた」と説明する。

期間中、「玉城陣営を攻撃するデマがものすごく多かった」と振り返る古田さん。デマの検証記事を出すと、玉城さんに関するものが多くなるとしてバズフィードジャパンでは、玉城陣営を応援していると読者から捉えられないように、発信の仕方について議論した。その上で、対立候補者に関する不確かな情報の検証も実施した。

バズフィードジャパンの取り組みには多くの評価の声が上がったが、中には「都合のいい情報しか検証していない」といった意見も寄せられたという。

古田さんは大手マスコミによる従来の選挙報道について、「公平中立で報道しなければならないという縛りの下、結果として選挙の中身を積極的に報じることが少ない」とみる。フェイクニュースはそこにつけ込み、読者にさまざまな情報を与えようとする。

「ファクトチェックができる力を持った報道機関が、事実に基づかない情報をきちんと指摘していくことが重要だ」と語った。

6 ギャグを交ぜた動画で支持表明 アプリ利用で双方向議論

✦あっという間に5万回再生

沖縄県知事選では、選挙関係者や報道にとどまらず、一般市民からもＳＮＳの発信が相次いだ。

暖色系のダウンライトがそそぐ薄暗い室内。キツネの面をかぶった人物がリズムに乗ってコミカルに踊り、県知事選候補者の名前を叫ぶ。

〈買い物ついでにー　玉城デニー〉

〈送迎ついでにー　玉城デニー〉

２０１８年９月の県知事選告示日の数日前、短文投稿サイト「ツイッター」上で公開された動画が一気に拡散された。投稿したのは、アカウント名「Ｒｙｕｋｙｕ　Ｉｓｈｉｇａｍｅ」（以下イシガメ）さん。沖縄本島中部で中学生の子ども２人と暮らす40代のシングルマザーだ。

「職場では相手候補を支持している人が多く、デニーさんを支持している自分の気持ちを言いづらかった。ひそかにデニーさんを応援しているということを表明し、気持ちを発散させたかった」

県知事選期間中に拡散されたリュウキュウイシガメさんの動画

当時ツイッターを始めて約9カ月、フォロワーわずか3人のSNS初心者が、炎上を恐れながらも率直な思いを動画に込めた。

まずは、歌と文字だけを投稿してみたが、反応はいまいちだった。それならばと得意のダンスを取り入れ、動画にした。

映像は31秒。候補者名をもじった「おやじギャグ」に、日常生活の行為を織り交ぜたシンプルな振り付け。一度聞くと頭にこびりつく歌詞とリズムだ。

動画投稿の翌朝、イシガメさんはスマートフォンを見て驚いた。再生回数が1万回を超えていた。

〈しに（とても）爆笑〉

〈秀逸だ〉

みるみる拡散され、投開票日までに再生回数は5万回を突破、あっという間にSNS上の人気者になった。

✦SNS発信の意義

好評価が後押しとなり、イシガメさんはそれまで政治的な話を避けていた職場の同僚にも動画を共有してみたという。

「ウケる」

「佐喜真さんのも作ってよ」

相手候補を支持する人たちの反応も上々で、実生活でも自らの政治的な考え方を表明できるようになった。

2019年1月下旬、イシガメさんは新たな動画を投稿。当時、辺野古県民投票に不参加の意思を示していた、うるま、沖縄、宜野湾、石垣、宮古島の5市長に投票への参加を呼び掛けた。

〈**市民を悲しませるのはおよーしー**〉

こちらの動画にも好意的な反応が相次いだ。

イシガメさんはSNS発信の意義を実感している。

「選挙や政治の話は堅くて難しいイメージがあるが、動画を見てクスリと笑いながら考えるきっかけになれば。今後も笑いの要素を交えながら自分の思いを発信していきたい」と笑った。

✦アプリ「ポリポリ」開発

２０１８年９月12日、沖縄県知事選の告示日を前に慶應大学２年生の伊藤和真さん（20歳）が来県した。目的は自身が開発したアプリ「ポリポリ」で、県知事選候補者の政策にアプリ利用者が直接意見を投げ掛けられる仕組みを整えるためだ。

「基地問題など社会課題が日本で一番密接している場所が沖縄だと思った」

アプリ開発のきっかけは17年10月の衆院選。マイク片手に大音量で政策を訴える街頭演説を聞きながらこう思ったという。

「イケてない」

道行く人のほとんどが、ただ演説をうるさいと感じてるように見え、一方通行に感じた。それから数カ月後、伊藤さんは友人らと共に、ネット上での政治家と建設的な議論を通して「イケている」まちづくりや国づくりができればと、「ポリポリ」を開発した。

「ポリポリ」は自分が発言した内容が、他の利用者からの共感〈いいね〉を得られたり、自分が立ち上げた議論の場に政治家が参加したりすると、スコアが上がる仕組みだ。スコアが高いほど信頼度が高まる。

〈若者の声を県政に反映させる方法を教えてください！〉

県知事選の期間中、「ポリポリ」に寄せられた現知事の玉城デニー候補（現知事）への質問だ。県知事選では4候補者中3人が利用者とのやりとりに応じた。

✦見るだけで分かる

〈ポリポリを見るだけで候補者の政策が分かる〉

利用者からはアプリの効果を評価するコメントが寄せられたが、伊藤さんは、沖縄にはまだ積極的に参加する政治家が少なく、本来の目的とする活発な議論や、それを基にした政策への反映などには至っていないと、冷静に受け止める。

一方で「既存のメディアが論点を整理した上で、それを基に政治家や一般ユーザーが、ポリポリ上で活発にやりとりしてもらえれば双方向の議論につながる」と、期待を寄せる。

さらには、「アプリが意見を吸い上げて、政治家がそれをきっかけに政策を作ってもらえるような、インフラとして今後機能させたい」と話した。

✦県民投票向けページ開設

そんな中、沖縄タイムスは2月24日にあった県民投票に向けて、県民投票について議論できる特設ページをアプリ内に設けた。投開票日翌日の25日までに、県内外のアプリ利用者や沖縄の政治家から約80件の意見が寄せられた。

反対と主張する人の中には、「辺野古を埋め立てれば普天間が返還されるという根拠はどこから生まれるのか」と、賛成派に尋ねる人もいた。

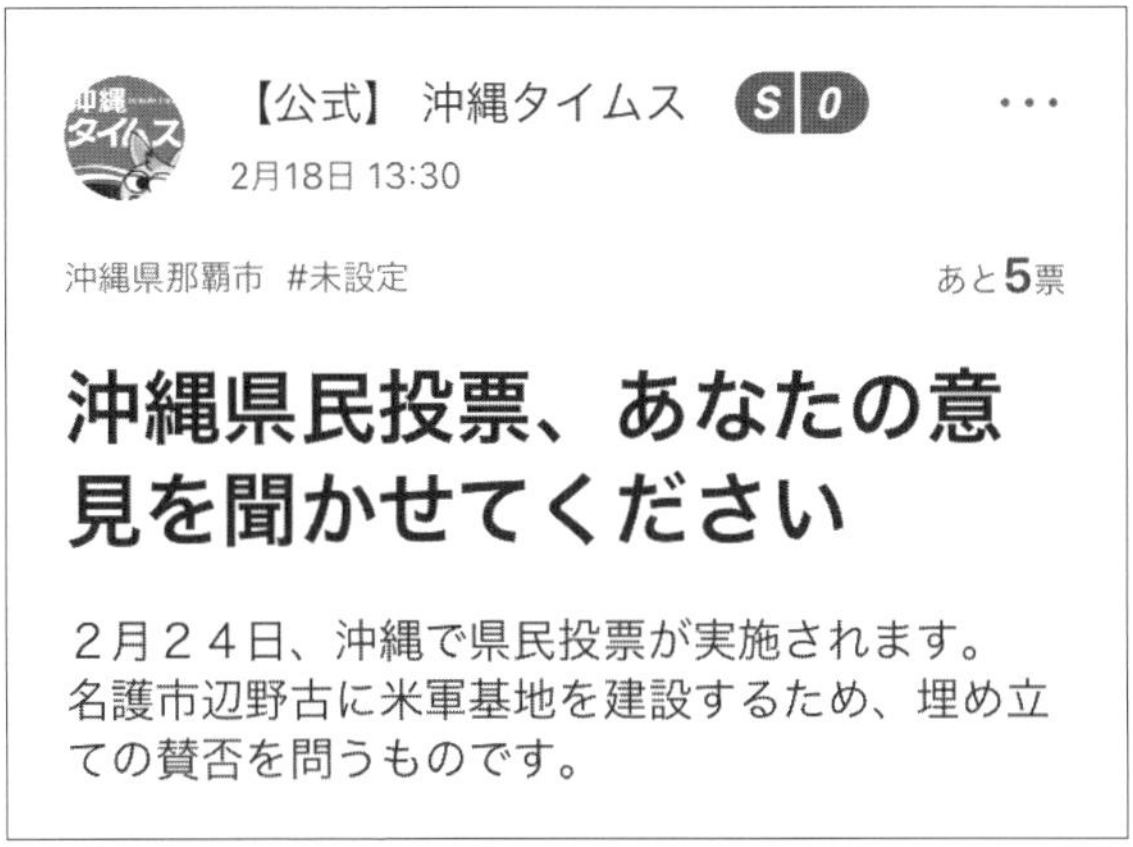
【公式】 沖縄タイムス
2月18日 13:30
沖縄県那覇市 #未設定
あと5票

沖縄県民投票、あなたの意見を聞かせてください

2月24日、沖縄で県民投票が実施されます。名護市辺野古に米軍基地を建設するため、埋め立ての賛否を問うものです。

沖縄タイムスと「ポリポリ」が開設した名護市の新基地建設や県民投票について議論できる特設ページ

投票に行かなかった人には、「少なくとも一度は沖縄県として辺野古への移設に合意し、国は辺野古区とも話し合いの上で、移設に向け合意を得た歴史があることを忘れてはいけない」などの主張があった。

反対多数となっても移設は止められないと、投票の意義を疑問視する声には、「もし基地建設を止められなかったとしても、あらがったのに建設されたという歴史が残るか残らないかの差は、何十年、何百年も先の人類にとって大きな差になる」と返すユーザーの意見も寄せられた。

投票への呼び掛けについて、「『反対に〇！』と戸別訪問が際限なく行われる状況に嫌悪感しか覚えない」と疑問を感じる人もいた。「反対」を表明した上で、自身の意見を論じる市議会議員もいた。

伊藤さんは活発なやりとりを見て、「どちらかに偏《かたよ》らず、それぞれが意見を述べていたのは良かったと感じた」と振り返る。

ポリポリの２０１９年2月現在の全国の利用者数は約1万人。今後に控える統一地方選や参院選などの選挙に向けて、「さらにアプリの質を高め、多くの政治家に参加してもらいたい」と意気込んでいる。

第Ⅲ章

変貌するネットメディア

1 個人の投稿が爆発的に拡散
SNSが変えた情報の広がり

◆電子署名の拡散

2018年12月8日、ハワイ在住で県系4世の作曲家ロブ・カジワラさん（32歳）が、インターネット上で「辺野古新基地建設に伴う埋め立ての賛否を問う県民投票」（19年2月24日）実施まで、名護市辺野古の新基地建設の工事停止を求める電子署名の呼び掛けを始めた。自身のルーツがある沖縄で、名護市辺野古に新たな基地が造られようとしている。その作業を止めたいとの思いだった。

米ホワイトハウス嘆願書サイトでの署名を開始した当時、カジワラさんのツイッターのフォロワーは270人。しかし投稿は沖縄県出身者を中心にあっという間に広がり、初日だけで千回もリツイート（転載）された。

5日後、沖縄タイムスが署名を話題にしたブログをツイッターで見つけて記事にした。同じ

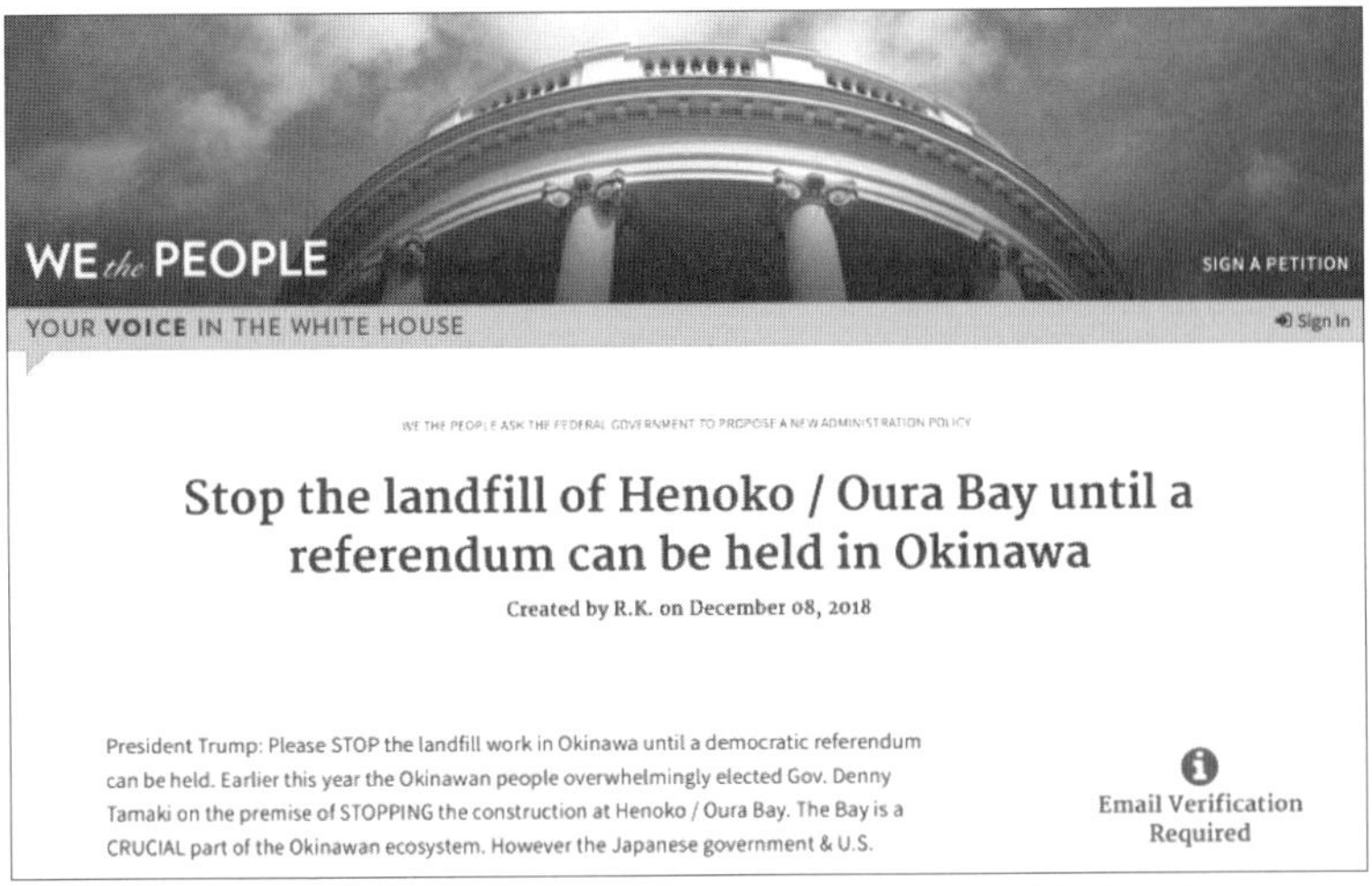

ロブ・カジワラさんが署名を呼び掛けたホワイトハウスの嘆願書サイト

時期には琉球新報も署名について報じた。３日後、沖縄出身のタレント、りゅうちぇるさんが、署名について報じた地元紙のニュースを「リツイート」した。個人が発信したＳＮＳを地元メディアが扱ったことで、署名活動が「ニュース」として再びＳＮＳに逆流した形だ。

りゅうちぇるさんのリツイートからさらに２日後、フジテレビが全国放送で初めて署名の動きを報じた。

その後、モデルのローラさんがインスタグラム（写真に特化したＳＮＳ）で「沖縄を守ろう」と署名を紹介した。フォロワー数５３０万人のローラさんの呼び掛けは、注目されそうな話題をまとめる「トレンドブログ」で扱われた。トレンドブログは発信者不明のことが多い。ここで、署名の経緯や署名に関するツイッターの反応などがまとめて紹介された。

この時点で署名開始から10日間、署名は目標の10万件を達成した。個人の発信に加え、ネット上での影響力が大きい「インフルエンサー」と呼ばれる芸能人らが加わったことで、情報の拡散はさらに勢いづいた。

年が明け19年1月7日、英ロックバンド「クイーン」メンバーのブライアン・メイさんも署名の呼び掛けに加わり、国内外のメディアの注目を集めた。

呼び掛け開始から1カ月後には署名数は約20万人になった。署名締め切りのころにはリツイート数は、約2万5千まで伸びた。

カジワラさんは「SNSなしに署名の成功はなかった。SNSがなかった世代は、こうした運動はできなかったのではないか」と振り返る。

マスメディアが独占していた情報の発信が、SNSの登場で一気に変わったことを物語っていた。

✦ニュースの仕組み

平成元年の1989年、日本のインターネットの基礎ができ、ニュースの仕組みは大きく変わった。朝日新聞社が全国紙として初めてウェブサイトを開設したのはそれから6年後の95年のことだ。その後、各新聞社や雑誌社もサイトをスタートさせ、ネットを通じてニュースが読めるようになった。

現在、マスメディアの多くは、ニュースサイトの「Yahoo!」やニュースのキュレーションアプリ「スマートニュース」などに情報を配信している。

ロブ・カジワラさんの署名活動は、個人のSNS発信をブログなどの「ミドルメディア」が扱い、マスメディアが取り上げた。それがSNSやミドルメディアで再び話題となることで拡散していった。

ソーシャルメディアに詳しい法政大学の藤代裕之准教授は、ネットにさまざまなメディアが存在するようになったことで「地域や個人の話題などを、多くの人に届けることができるようになった。今回の署名の広がりはメディア環境が大きく変化したことを示す事例の一つ」と説明する。

さらに「ネットのメディアでニュースが循環する背景には、情報へのアクセス数の多さが、発信するメディアの広告収入に直結していることがある」と指摘、「ネットの広告収入を得ようとして稼げるニュースを配信した結果、誤報やフェイクニュースが広がる原因にもなっている。個人もメディアも、事実を確認し、ネットに正確な情報を提供するという役割を見つめ直す時がきている」と話した。

2 「県民投票、ネットにあった?」変化する若者の情報接触

◆受け身の大学生

「県民投票って、ネットで話題になっていたんでしょうか?」

沖縄国際大学4年の平安山大地さん(23歳)は、起きてから寝るまでスマートフォンを手放さず、ユーチューブとツイッターを巡回するのが日課だ。しかし、2月24日投開票が行われた辺野古の埋め立ての是非を問う県民投票のニュースは、ネットで一切見ていないと語った。

小学校低学年の頃、学校のパソコン室での検索がネットとの出合いという。中学生になると、ネット検索した音楽やゲームを楽しんだ。

情報の触れ方が変わったのは、スマートフォンでSNSを始めた高校2年の頃だ。

「互いにSNSでつながる友だちやフォローしている人の投稿がタイムラインに流れてくる。追い掛けても追い掛けても情報がやってくるので、とても全部は見きれない」

スマホを見るときは、画面に映し出される情報を指でスクロールして受け流す作業が習慣になった。

自ら検索するのは大学の宿題や趣味の音楽、ゲームくらいで、検索の機会は中学生の頃に比べてぐっと減った。県民投票についてはテレビや新聞などで知り、投票した。「ＳＮＳは娯楽」と話す。

✦「テレビより面白い」

一方、琉球大学の男子大学院生（23歳）。ニュースは、チャンネル登録しているユーチューブの動画放送をスマホで見る。「政権に批判的な論調が多いテレビのニュースと違って、いろいろな見方の意見が出てくるので面白い」とお気に入りだ。ツイッターやＬＩＮＥなどのＳＮＳも登録しているが、友人らの投稿を眺めるくらいで積極的な発信や検索はしない。

県民投票には当初、関心は低かったが、この動画放送で「辺野古」県民投票の会代表の元山《もとやま》仁士郎さんと、２０１８年の県知事選で自民系候補者を支援する会の青年部長を務めた嘉陽宗一郎さんの討論を見て、関心を持つようになった。

同じ大学生でもＳＮＳの使用方法は異なる２人。共通するのは、ＳＮＳからの情報接触が「受け身」中心であることだ。

若者の情報接触は、パソコンで検索して情報へアクセスしていた「プル型」から、サイト運営側のサービスにより自動的に情報が配信される「プッシュ型」となった。若者たちの情報接触は、スマホに届けられる大量の情報を受け流す傾向に変化している。

✦好みのニュースだけ表示

２０１９年2月26日午後、西原町中央公民館では沖縄本島中部地域に住む60～70代の男女約15人が集い、スマートフォンやタブレットの使い方を学んでいた。「これからはスマホの時代だから」と定期的に集まり、講師から生活に役立ちそうなアプリやスマートフォンの効果的な機能について習得している。

受講する全員がダウンロードしたのが、国内や海外の政治や経済、グルメなど話題のニュースを配信する無料アプリ「スマートニュース」だ。

「新聞も見るけど、ここからニュースも得るようになった」と話すのは浦川せつ子さん（63歳）。浦川さんのスマホ画面には「あなたにおすすめ」のニュースとして千葉県野田市で起こった女児死亡事件の続報が映し出されていた。興味あるニュースが選ばれていることに「確かにこのニュースはよく見ていた」と驚く。

一方、隣にいた女性（65歳）の画面に表示されていたのは、県民投票の結果について沖縄の地元紙の編集局長が論じる記事。国際政治に関心があるという玉那覇《たまなは》正則さん（68歳）の画面には、米朝首脳会談のニュースが示されていた。

インターネットでは、情報を検索する学習機能が発達し、受け取り手の見たい情報を推測して好みに沿った記事を選別し配信することが主流になった。利用者が好ましいと思う情報ばかりが示されることで、思想的に社会から孤立する様子を「フィルターバブル」と呼ぶ。県内でリテラシー教育に携わる米須《こめす》渉さんは、「便利である半面、自分と同じような考えばかり目にすることで、正確な情報を得られない可能性がある」と、危険性を指摘する。

互いのスマートフォンの画面を確認し合う講座参加者たち＝2019年2月26日、沖縄県西原町・町中央公民館

スマートフォン講座のサークル長を務める與那嶺《よなみね》正市さん（67歳）のスマホ学習歴は5年だ。気になったこと、知りたいことはインターネットで調べ、得た情報を無料通信アプリ「ＬＩＮＥ」をメモ代わりにまとめてきた。與那嶺さんは検索して一番上に表示されるサイトは開かず、３番目以降のサイトを開くことが多いという。

講師からその理由を尋ねられた與那嶺さんは、「一番上のサイトは広告収入を目的としているものが多いし、正確な情報を得られない可能性が高いからね」と冷静に語った。

モバイルプリンスさん（右奥）からＳＮＳで情報を広める際の注意点などを学ぶワークショップの参加者＝2019年3月10日、那覇市久茂地の「おきなわダイアログ」

✦真偽不明な情報

「（流れてきた）情報はまずは疑いましょう」

「複数のメディアが発信する情報を検証した上で、信頼できる事実かどうか判断しましょう」

ＳＮＳに流れてくる情報の真偽をどう確認するか学ぶワークショップに講師として登壇したスマートフォンアドバイザーの「モバイルプリンス」こと島袋《しまぶくろ》コウさんは、情報との付き合い方についてこうアドバイスした。

知らないうちに自分がデマの発信源にならないようにとの趣旨で、那覇市で開かれたワークショップ。本来、生活を豊かにするはずのＳＮＳが、デマを拡散する手段として使われていることに危機感を抱いたＮＰＯソーシャルネットワーク協議会おきなわ（舟井博士代表理事）が企画した。

参加した那覇市の渡辺優子さん（65歳）は、9年ほど前に実名制という安心感から交流サイト「フェイスブック」に登録した。

「昔の知り合いの近況を知ることができる」のが魅力だった。

だが最近は、日常の投稿だけでなく真偽不明な情報も目にするようになった。1年半前、新元号が既に発表されたかのような画像を友人がシェアしているのを見掛けた。フリーライターの経験もあり、情報の発信源に気を使うという渡辺さんは、「インターネットを始めたばかりの人はだまされる可能性がある」と感じた。

✦友人からの「ブロック」

投稿へのコメントで画像を広めることは良くないのではないかとこの友人に指摘すると、数件のやりとりの後、友人から投稿を見られないよう「ブロック」された。

「（指摘を）分かる人だと思っていただけに、ショックでした」

友人への指摘の仕方が正しかったかどうかは今も分からない。渡辺さんはSNS疲れでフェイスブックから一時期離れたこともあった。しかし、子宮頸《けい》がんワクチンに関する課題を世の中に問い掛ける活動などを始めたこともあり、「社会に自分の考えを伝えたい」とSNSを再開した。

この日のワークショップでは、実際にSNS上で流れる真偽不明の情報について、新聞やテレビなどのメディアは報道していないという事実を確認した。

渡辺さんは「情報がシャワーのように降ってくる時代。疑問に思ったことを一つひとつ自分で調べることは難しいけど、すぐにシェアせずにいったん待って検証してみることで、デマの拡散は防げるのではないか」と語った。

3 基地問題を動画で提起 デマに衝撃、若者へ解説

◆沖縄を考えるツールに

ＳＮＳ上で多くのフェイクニュースが飛び交った２０１８年の沖縄県知事選。その教訓を生かした動きが県内で広がっている。

名護市在住の自営業・多嘉山《たかやま》侑三さん（34歳）は、県知事選投開票日の約1カ月後に動画投稿サイト「ユーチューブ」で動画チャンネルを開設した。辺野古新基地建設や県民投票などに関する情報を積極的に発信している。

動画チャンネル名は「うちなーありんくりんＴＶ」。19年2月10日現在、12本の動画をアップしている。総再生回数は7万回を超え、チャンネル登録ユーザーも2千人以上に上る。

多嘉山さんは糸満《いとまん》市出身で、17年から名護市に住み始めた。翌18年2月に名護市長選を経験し、ＳＮＳ上で数多くのデマや中傷が書き込まれているのに衝撃を受けた。

多嘉山侑三さんが顔を出してユーチューブに投稿した動画の一部

「誤った情報に影響されている人が大勢いた」

県民の一人として、事実を、責任を持って発信しなければいけないと感じた。それまで匿名にしていたツイッターのアカウント名を本名に変え、アイコンもイラストから顔写真に変更。県知事選や那覇市長選では、各候補者の政策比較などをツイッター上に投稿し、拡散された。

「ユーチューバーやってみたら？」

知り合いに提案されたのはそんなときだ。ツイートだけでなく、動画を通して事実に基づいた議論の基盤ができればという思いで制作し始めた。

動画は15分前後。普天間飛行場の歴史や海兵隊の軍事的役割などを解説し、辺野古新基地建設について「日本全体で考えてほしい」と呼び掛ける。

動画を作成する際には、沖縄県や防衛省などのホームページで公開されている誰でもアクセス可能な一次情報を活用する。経営する音楽教室の仕事の傍《かたわ》ら、自宅で撮影・編集し、1本の動画を作るのに2週間ほどかける。

〈こんな動画を待っていた!〉

〈分かりやすい!〉

好意的なコメントの一方で、**〈中国に沖縄を売り渡したいのか〉〈無知をさらしてアホな動画ありがとう〉**など、誹謗《ひぼう》中傷のコメントも多い。

それでも、多嘉山さんは特に10~30代の若年層に基地問題について考えるきっかけづくりのために、動画をこれからも作り続けたいと話す。

「市民一人ひとりが正確な情報に主体的にアクセスし、しっかりと判断できる世の中になってほしい」

SNSが沖縄の今後の方向を支えるツールになると信じている。

✦建設的な議論への試み

沖縄本島中部に住む30代の男性は、2017年12月に発生した宜野湾市の緑ヶ丘保育園への米軍ヘリ部品の落下事故や、普天間第二小学校への米軍ヘリ窓落下事故に関するSNS上のデマの投稿に、事実に基づいて反論した。しかし最終的には、デマの発信者に「お前は好きじゃない」と感情的に拒絶され、フォロー関係が強制的に解除される「ブロック」が相次いだ。

男性は「事実かどうかは別問題で敵か味方かで判断されてしまう。まっとうなことを言えば伝わる、理解してもらえるとの考えには限界があると感じた」と話す。

19年2月24日にあった名護市辺野古の米軍新基地建設に必要な埋め立ての賛否を問う県民投票に向けては、「憲法が保障する直接民主制の住民投票の権利を奪うな」などの主張を繰り返しSNSに書き込んだ。

しかしここでも、県民投票の実施に反対する一部からは、県民投票の実施を求めて活動する若者たちへの誹謗中傷が繰り返されるだけで、議論がかみ合わないと感じた。

同じような意見の人とはフォローしあって心地よくなり、異なる意見は受け入れず、それぞれのフォロワーを巻き込んで対立があおられる。SNS内で自分の興味関心と一致した情報のみが流通し、反対の意見が排除されていく現象を「エコーチェンバー」（共鳴室）と呼ぶ。

SNSで異なる意見のユーザーから拒絶された経験を持つ男性は、どうしたらSNSで建設的な議論ができるか、複数のアカウントを作成して、いったんは拒絶された異なる意見のユーザーにアプローチを試みているという。

「みんなが建設的な土台ができればと思う。そういう環境をつくるにはどういう方策が有効か、いろいろ試してみたい」と話した。

数理モデルやビッグデータの分析から、フェイクニュースの発生や拡散の流れを研究する名古屋大学大学院情報学研究科講師の笹原和俊さん（計算社会科学）は、「似たもの同士でくっつきたくなるのは人間の生まれながらの特性だが、『いいね』や『リツイート』など他者の評価が見えやすいSNS上ではより顕著に現れる」と説明する。

「エコーチェンバーが出来上がると、異なる考えのグループに分断される」とし、閉鎖的な環境はフェイクニュースの温床にもなると警鐘を鳴らす。

複数のアカウントをもっている男性のスマートフォン（画像を一部加工）

◆分断の緩和

さらに笹原和俊さんは、「ソーシャルメディアは、多様な人々と情報をつなぐことで機会創出や価値創造を促すプラットフォーム（基盤）の役割を期待されていたが、実際は見たいものだけを見て、つながりたい人とだけつながっている傾向がある。会員制交流サイト（SNS）を介してそれが過度に助長されている問題が顕在化している」と指摘、その極端な例がエコーチェンバーだという。

SNS内で何度も同じニュースに触れるうち、同じ意見だけが共鳴し合って拡散し、反対意見が排除されていく現象だ。

笹原さんは、米国のツイッターのデータを分析した研究では、保守系の人は保守系の人とばかりと、リベラル系の人はリベラル系の人ばかりとコミュニケーションを取り、両者が分断されていると説明。似た意見には影響を受け、似ていない意見とのコミュニケーションを切断することを繰り返すやりとりをコンピューターでシミュレーションすると、「どんなに多様な意見があっても、時間経過とともに必ず分断が起きることが再現できる」と解説した。

笹原さんは、エコーチェンバーによる分断を緩和するためには、個人の心掛けとシステムによる介入が必要と説く。「個人的には自分と違う意見をいったんは聞いてみる。納得はできないが、そういう意見もあるのかと理解することで視野の広さや度量の深さにつながる」とする。また、スマートフォン向けニュースアプリ「スマートニュース」の米国版での、リベラル派の利用者には保守的な、保守派の利用者にはリベラル的な考えの記事を織り交ぜて配信する試みを紹介。「程よく反対意見を流すことでユーザーが多様な意見に触れる機会を与え、視野を広げてもらうことができるのではないか。こうしたシステムの構築が有効になると思う」と話した。

沖縄の基地問題は、SNS上で建設的な議論がしにくい状況について、笹原さんは「互いの主張の根拠となる客観的データを受け止める姿勢が大事。互いにデータを共有した上で議論をしようとのマインドが必要だ」と語った。

4 「国際ロマンス詐欺」舞台はSNS うその名前、顔写真も合成

◆会ったことない恋愛

海外の軍関係者を装い、恋愛感情を利用して金をだまし取る「国際ロマンス詐欺」。全国で被害が相次ぎ話題となったが、沖縄県内でも複数の被害があることが2019年1月下旬に明らかになった。国際ロマンス詐欺の舞台となっているのがSNSだ。被害者はネット上でやりとりするうち、会ったこともない相手を信用してしまう。

「除隊後、君と結婚したい」

18年11月、沖縄本島南部に住む50代女性の携帯にメッセージが届いた。沖縄県警によると、相手は海外の軍人を名乗る男で、フェイスブックを通じて知り合った。男は英語や片言の日本語で「テロリストと戦っている」などと語り、女性は好意を抱くようになった。「数億円を送金するのに費用が必要だ」と言われるまま約160万円をだまし取られ、一度も会えなかった。

女性をだまそうとした相手が送ってきたメッセージ。翻訳機能で翻訳されているとみられる（画像は一部加工）

沖縄本島中部の40代女性は18年8月、フェイスブックで海外の軍医を装った男に「長年の勤務で国から受け取った褒美を発送したが、通関に約８５００ドル必要だ」などと持ち掛けられた。女性は男が指定した口座に約95万円を送金、その後も金を求められたため、警察に相談した。

沖縄県警によると、18年の国際ロマンス詐欺の県内での被害額は少なくとも２５０万円以上とみられている。捜査幹部は「特殊詐欺と同様に、役割分担された組織的犯行の可能性がある」と指摘した。

✦熱い言葉、動く心

被害は全国各地でも確認されている。被害者への「贈り物」にかかる通関費用や、退役のための金を要求する手口が多い。

福岡、埼玉両県警の合同捜査本部は19年1月下旬に、福岡県や札幌市の50代女性ら3人から金をだまし取ったとして、ナイジェリア国籍の男ら4人を詐欺容疑で逮捕。県外在住の50代女性は大手ポータルサイトが運営する出会い系アプリに登録し詐欺未遂に遭った。女性は18年6月ごろにアプリに登録。「子育てに余裕ができ、お茶飲み友達が欲しいという気持ちだった」と語る。

このアプリは会員たちが投稿した近況などに、「いいね」のメッセージを送った相手とやりとりができる仕組み。会員の個人情報は匿名性が高い。一方、登録時には身分証の画像を運営者に送る手続きが必要なため、女性は「まさか犯罪に使われるとは思っていなかった」と振り返る。

最初の詐欺未遂は18年6月下旬だ。女性の投稿にある日、イギリス軍所属の男性兵士を名乗る相手からメッセージが届いた。興味を抱いた女性は、個人のSNSを教え頻繁にやりとりするようになった。男性兵士が「日本へ行く」と連絡してきたのは7月ごろ。しかし道中、羽田へ乗り継ぎする外国の空港で入国拒否をされ、現金が必要との連絡があった。いったんは送金を決めた女性だが、男性兵士が自分の口座として伝えた名義が別の女性の名前だったことから、うそが判明し、連絡をとるのをやめた。

1カ月後、今度は米陸軍の軍医と名乗る相手からメッセージが届いた。女性に求愛し、もらった勲章を預かってほしいと依頼された。女性は快諾したが、勲章を受け取るには指定口座に入金が必要と言われて怪しいと感じた。

「立場のある人がなぜそこまでお金に固執するのだろうと疑問には感じたが、『脱出してあなたのそばで死にたい』という熱い言葉に心が動いた部分もある」と振り返る。

あやしいと思い、米軍人との交際でトラブルを抱える女性を支援するNPO団体「ウーマンズプライド」代表のスミス美咲さんに相談した。

◆アプリ機能の充実背景に

一連のやりとりが詐欺の手口と知ったのはその後だ。

軍医を名乗る相手から送られてきた身分証明書は、給与等級と階級が合致せず、顔写真も合成だった。女性は「会ったこともない相手とやりとりする怖さをようやく知った」と話す。アプリは退会した。

スミスさんによると、2011年ごろから外国人を名乗る相手とのSNS絡みの相談が増えている。スミスさんは「SNS情報をうのみにしがちな利用者の心理を突いた犯罪だ」と警鐘を鳴らす。そして「国際ロマンス詐欺がこれだけ増加したのは、翻訳機能が充実したSNSが普及した影響が大きい」と分析する。

SNSとの向き合い方に関してスミスさんは、「個人情報が事実かどうかの確認をする意識をこれまで以上に強く持つことが重要だ」と語った。

5 野放しの匿名掲示板、卑劣な書き込み 判決後も続く中傷

✦ネット上のヘイトスピーチで初の名誉毀損罪

２０１９年1月、インターネット上の匿名掲示板で、沖縄県石垣市在住の在日コリアンの男性（35歳）を誹謗《ひぼう》中傷し名誉を傷つけたとして、石垣簡易裁判所が石垣市内に住む男性２人に、名誉毀損罪で罰金10万円の略式命令を出した。在日コリアンに対するネット上の匿名ヘイトスピーチを名誉毀損《きそん》罪で処罰する全国で初めての事例となった。

男性は韓国で生まれ、小学校低学年ごろに日本へ移り住んだ。小中高とも日本の学校を卒業した。学生時代にも「朝鮮、帰れ」などと周囲から心ない言葉を投げ掛けられた経験はあったが、今回は「良識ある大人が悪意を持って僕らをつぶそうとした」と憤る。

石垣島への移住は２０１２年ごろ。それ以前の旅行で初めて八重山《やえやま》地域を訪れた際、海の魅力に引かれたのがきっかけだった。マリンレジャー業や漁業などに携わった後、14年に総合マ

リンサービス業を起し、リピーター客も広がり運営は順調だった。

そんな中、ネットの掲示板で男性を名指しした中傷が書き込まれるようになったのは16年ごろのこと。気付いたきっかけは、総合マリンサービスの客に言われた「ネットで悪口が書かれているよ」という一言だった。

今回の起訴処分を受けた2人のうち1人は過去に仕事上の付き合いがあり、誘客などを巡るトラブルもあったという。ただ、もう1人については面識がなく、名前なども知らない。

男性は「頼まれたのか、単に面白いから話に乗ったのか分からないが、ほかにも書いた人がいる」と指摘し、「今回は僕への個人攻撃だが、放置すれば対象を変えて同じように別の人を苦しめるかもしれない。絶対に許せないし、その代償を知ってほしい」——そう訴える。

✦ネット上のヘイト、不十分な対策

〈観光客の女とヤることしか考えてません。在日だから当然か〉

男性についての投稿が書き込まれたのは16年ごろ。投稿された書き込みは匿名だったが、内容から同じ市内の複数人が関与していると感じ、男性はすぐに八重山署に相談した。中傷には男性の会社についてのいわれのない批判もあった。順調だった客足が次第に遠のき、会社の売り上げは10分の1近くまで激減した。

男性は「ネットの書き込みを見て客が引いたんだと思う。中傷されること自体も悔しかったが、生活に影響が出たことが一番苦しかった」と振り返る。起訴された2人に賠償命令が出た後も、匿名掲示板の男性に関する項目「スレッド（スレ）」は残されたままだ。

〈**このスレに書いたらヘイトで名誉毀損で損害賠償されますよ！**（中略）**決して炎上商法には要注意！　笑笑！**〉

判決後も、男性をやゆする投稿は続いている。

男性は「スレが埋もれないように、定期的に投稿が更新されているのではないか」と推測する。「ヘイトスピーチを広げるのは、軽い気持ちでネットに書き込む、その他大勢の人たちだ」と憤り、「これが許される社会であってほしくない」「面白おかしく書き込みに参加する人も多いが、それは罪になると分かってやめてほしい」と訴えた。

沖縄タイムスは、男性を誹謗中傷する投稿をした1人に取材を試みたが、受けてはもらえなかった。

ネット上での在日コリアンに対するヘイトスピーチに詳しい神奈川大学非常勤講師の高史明《たかふみあき》さん（社会心理学）によると、日韓ワールドカップや日朝首脳会談が実施された２００２年ごろから、匿名掲示板で差別的な投稿が確認されるようになったという。

ＳＮＳの一つ「ツイッター」では、差別的な言動を含むハラスメントに対する規制を段階的に厳格化していった。特に18年には、それまでは「直接的なターゲット」が書き込まれていなければ違反になりにくかったポリシーを、人種、性別、性的指向など「特定の集団」を対象にした差別的な投稿も対象にし、規制を広げた。

一方で、匿名掲示板やSNS上では今も差別的な投稿が野放しにされているのが現状だ。高さんは「以前に比べて取り締まりが厳しくなってはいるものの、不十分で多くの差別的な発言やハラスメントが残されている。匿名掲示板に比べれば少ないが、SNS上の状況も決して良くはない」と警鐘を鳴らす。

また、高さんは「16年に施行されたヘイトスピーチ対策法もまだ十分には機能していない」と指摘し、その上で「ネット上のヘイトスピーチ対策の法規制をより強化していくべきではないか」とも話した。

ネット上では新たな動きも起きている。判決後にも男性をやゆする投稿がされた匿名掲示板のスレッドは、沖縄タイムスが書き込んだひとりにアクセスした後、19年4月上旬までにすべて削除された。

男性は「書き込んだ人たちも世の中の動きを気にしている結果なのではないか。以前よりは良い方向に進んでいると思う」と語った。

6 甘い裏付けのまま誤報拡散 閲覧数の重視影響か

◆産経新聞の誤報の顛末

〈沖縄2紙が報じないニュース〉

２０１７年12月上旬、「産経新聞」のホームページ（ＨＰ）で、こんなタイトルとともにある記事が紹介された。

記事は、17年12月1日、沖縄自動車道で発生した車6台が絡む事故の報道を巡り、横転した車両の運転手を米海兵隊の曹長が救助したとして、沖縄の地元紙2紙がそれを報じなかったことを〈**報道機関を名乗る資格はない。日本人として恥だ**〉と批判する内容だ。

その後、全国のメディアが発信するニュースを紹介する「Ｙａｈｏｏ！」の「ヤフーニュース」でも配信された。記事は、二つの大きなサイトで紹介されたことで、ＳＮＳ上であっという間に広がった。

だが後に、この曹長は横転した運転手の救助には当たっていなかったことが判明する。産経新聞はHPの記事を削除しおわびを掲載、読者と地元紙2紙に謝罪した。

産経新聞の井口文彦東京編集局長は、「事実を突き詰めることをおろそかにし、記事という商品にしてしまった。大きな過ちだった」と振り返る。あくまで個人的な見解と前置きしつつ、記事の中で地元2紙を厳しく批判した言葉については、「（ネットでは）はっきり物を言うことがPV（ページビュー＝閲覧数）につながる。そういうことに影響を受けていた部分があったのではないか」とみる。

現在、産経新聞は一連の問題を反省材料として、研修や会議の場で新人記者や管理職に、報道の際の事実確認の徹底を意識付けているという。

井口編集局長は「仮に曹長が救助活動をしていたとしても、地元2紙を批判した言葉は表現や節度を踏み越えていた」とし、「ファクト（事実）に基づいた批評が基本だ。今回の問題を受け、批判するなら知的に批判するべきだったとわれわれとしては大きく反省している」と語った。

〈事実関係に間違いのある記事を提供したことを重く受け止めておわびするとともに、以下ご報告いたします〉

同じ記事を配信したヤフーが自社メディア「ｎｅｗｓ　ＨＡＣＫ」でおわびと訂正を発表し

おわびと削除

沖縄米兵の救出報道

昨年12月12日付朝刊3面「日本人救った米兵　沖縄2紙は黙殺」の記事中にある「日本人を救出した」は確認できませんでした。現在、米海兵隊は「目撃者によると、事故に巻き込まれた人のために何ができるか確認しようとして車にはねられた。実際に救出活動を行ったかは確認できなかった」と説明しています。

同記事は取材が不十分であり、12月9日にインターネットで配信した産経ニュース「危険顧みず日本人救出し意識不明の米海兵隊員　元米軍属判決の陰で勇敢な行動スルー」とともに削除します。記事中、琉球新報、沖縄タイムスの報道姿勢に対する批判に行き過ぎた表現がありました。両社と読者の皆さまにおわびします。

＝3面に検証

乾正人・産経新聞社執行役員東京編集局長　昨年12月1日に沖縄県沖縄市で発生した車6台の多重事故をめぐる本紙とインターネットサイト「産経ニュース」の報道を検証した結果、米海兵隊への取材は行ったものの沖縄県警への取材を怠るなど事実関係の確認作業が不十分であったことが判明しました。さらに、記事中に琉球新報、沖縄タイムスに対する行き過ぎた表現があったにもかかわらず、社内で十分なチェックを受けずに産経ニュースに配信、掲載されました。

こうした事態を真摯に受け止め、再発防止のため記者教育をさらに徹底するとともに、出稿体制を見直し、記事の信頼性向上に努めていく所存です。

事故にあわれた関係者、琉球新報、沖縄タイムス、読者の皆さまに深くおわびします。

流出仮想通貨　資金洗浄か

「米兵救出報道」に関する産経新聞の2018年2月8日付1面の「おわびと削除」（上）と3面の検証記事

検証

昨年12月12日掲載「日本人救った米兵　沖縄2紙は黙殺」報道

沖縄2紙の報道は

海兵隊の回答

たのは、産経新聞の謝罪の約1カ月後のことだ。

産経新聞から配信された記事に、「日本人救出で重体　米兵に祈り」という見出しを付けてヤフーニュースのトピックスに出し、多くの人が目にするトップページに掲載した経緯を説明して、〈見出しには事実として確認できない内容が含まれていました〉と報告した。

✦ネット転載、事実確認の限界

ニュースが人々に届くまでの仕組みは、インターネットの登場で大きく変わった。その代表例がネットメディアの「Ｙａｈｏｏ！」だ。同社が提供する「ヤフーニュース」は月間約１５０億ＰＶ（ページビュー）を誇る。

「ヤフーニュース」では約３５０社、約５００媒体から配信を受けた1日約5千件の記事を提供する。そのうち、多くのユーザーが目にする「トピックス」に選ばれるのは約１００件だ。

選出作業に当たっているのが、同社の「トピックス編集部」の職員25人。職員たちは３６５日24時間体制で国内外から届けられるニュースに目を通し、ユーザーにクリックしてもらえるように簡潔で分かりやすい13文字で見出しをつけている。

「幻想のメディア」取材班はトピックスの選出基準などについて、ヤフーに取材した。ヤフーは19年３月28日までにメールで回答を寄せた。

トピックスへの選出基準は、「公共性と社会的関心を二つの柱としている」と説明する。「公共性」は政治や経済、防災といった社会に伝えるべき重要度の高いニュース、「社会的関心」はスポーツやエンタメのように多くの人々の関心が集まる内容だ。

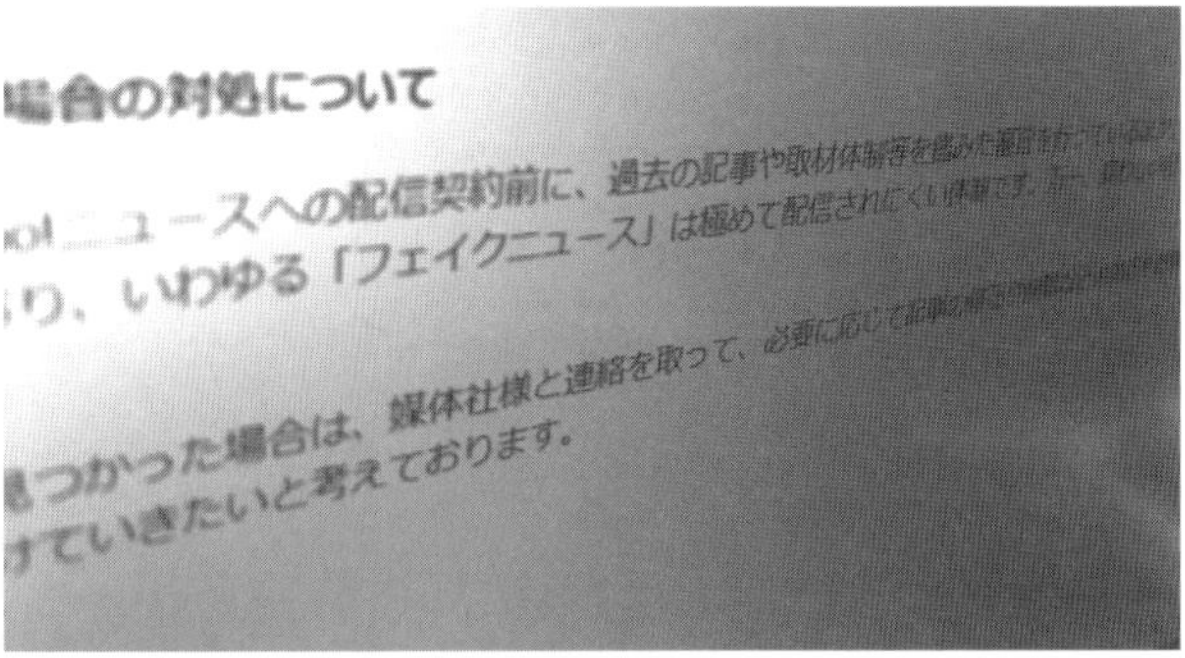

配信される記事への対応についてヤフーが回答したメールの一部

ニュースページへの配信契約前には、過去の記事や取材体制などを踏まえ審査を実施する。契約後も配信記事に問題が見つかった場合に連絡する体制が整えられており、「フェイクニュースは極めて配信されにくい仕組みだ」とする。

記事の内容に誤りや気になる点が見つかった場合は、媒体社に連絡を取って必要に応じて記事の修正や削除などの対応を求めているという。

しかし、それでも2017年12月、ヤフーが掲載した産経新聞の「米海兵隊員の日本人救出報道」に誤りがあったことが明らかになった。この問題は他の媒体からのニュースを転載するという形をとる以上、事実関係のチェックには限界があることを示した。

一方、多くのネットメディアには、ヤフーのような事実を確認する機能すらほとんどない。

個人発信の真偽不明の情報が、ニュースサイトやまとめサイトといった「ミドルメディア」に取り上げられ、事実の根拠を確認せずにマスメディアも取り上げてしまうケースも散見される。

フェイクニュースの問題を受けて、政府は近く、選挙や災害時のデマ拡散抑止に向けた本格的な対策に乗り出す予定だ。ヤフーは「プラットフォーム事業者として自主的に取り組み、誠実に向き合い、独自に対策を講じなければならない事項で不断の努力が必要だ」との考えを示している。

7 せやろがいおじさんが語る息苦しさの正体

✦政治的発言「タブーでない」

インターネット上で、沖縄発のある動画が2018年夏から全国的に注目を集めてきた。各地の青い海を背に、赤いふんどし姿の男性が時事問題などについて早口で鋭くつっこみ、最後は関西弁で「そうだろう」の意味の「せやろがい」という言葉で締める。18年9月の県知事選直後には「『沖縄終わった』と言ってる人に一言」と題した動画をアップし、対話を呼び掛けて注目を集めた。

動画に登場する「せやろがいおじさん」の正体は、奈良県出身でお笑い芸人の榎森耕助《えもりこうすけ》さん（31歳）。沖縄国際大学在学中の2007年から、お笑いコンビ「リップサービス」のツッコミ役として活動してきた。

18年7月から動画を撮り始めた。「披露宴で新婦の両親への手紙の時に騒ぐ人に一言」といった日常的なものから東京五輪のボランティア問題まで、取り上げたジャンルは幅広い。2019年5月12日現在、動画投稿サイト「ユーチューブ」で公開した動画は50本以上、総再生回数は約500万回に上る。

ただ、当初は沖縄の問題について取り上げることはなかった。

「右とか左とか意識せずに意見しても、SNS上では必ずどちらかに分けられてしまうと感じていた」と振り返る。18年の県知事選時は、各候補の支持者から、応援動画を作ってもらうよう依頼もされたが、自らの政治的スタンスを公にすることにためらいを感じて沈黙を保った。

しかし、投開票日の夜、当確が出た後、ネット上で「沖縄は終わった」などネガティブな意見を目にし、抵抗を感じた。県知事選について「芸人が発言していいのか」と葛藤もあったが、翌朝にはカメラを回していた。「簡単に終わらせたらあかん」「新しい沖縄始めていこう」と呼び掛け、拡散された。

「どの候補も沖縄を良くしたいという思いは一緒。落選した候補を応援していた人だからこそ見えるツッコミどころもあると思う。今こそ対話が必要」と語る。

「おじさんが室内で物申す動画では誰も見ない」と、景色のいい海で撮影し、自ら編集する。ツイッターなどのSNSでも、目に留めてもらえるよう画面上の文字を大きく表示するなどこだわった。

名護市辺野古の新基地建設現場に土砂が投入された１週間後に動画をアップした、「せやろがいおじさん」こと榎森耕助さん

1日に200回撮り直したこともあり、榎森さんは動画撮影について、「日光に当たる、水に入る、大声を出す──の疲れる3条件に挑戦する『せやろがいトライアスロン』」と笑う。

沖縄も、冬の海は寒い。「ガタガタ震えながらやるのも面白いかな。唇を青くしてでもやりたいです」。18年10月に取材した際にそう語っていた榎森さんは、その後実際に冬の沖縄の海で動画を撮影した。

それが県知事選からおよそ2カ月後の12月。米軍普天間飛行場の名護市辺野古への移設問題を動画で取り上げた。

土砂投入からわずか5日後の12月19日、辺野古の海で朝から夕方にかけて撮影。寒空の下、300テイクを重ね、歴代の動画で最も時間を掛けた。

「死ぬほど寒かったが、沖縄で動画を作っていて、この件に関して触れないわけにはいかなかった」

動画は瞬《またた》く間に拡散され、ユーチューブやツイッターで合わせて約70万回再生された。

動画では、異なる意見を交流しあい、対話することの大切さを強調し、〈**右足左足両方動かしていかんと前に進めへんように、右の意見左の意見両者を取り込んでいきながら、より物事を前に進める議論って出来へんかな**〉と語りかける。

榎森さんは「意見を発信するのを萎縮させるのではなく、いかに対立を生まないように接するかが大切」と話す。

辺野古の動画から約1カ月後の19年1月。榎森さんは「政治的な発言はタブーとされる風潮について」という動画をアップした。ユーザー間で情報を共有することの大切さなどを説き、最後にこう締めた。

〈安心して語れる雰囲気作ってこ〜　せやろがい！〉

✦拡散少ない基地問題

〈何も知らないのに発信するな〉

〈勉強不足〉

県内の問題を取り上げた動画は話題になる一方、異なる意見を持つSNSユーザーからの中傷が今も続く。芸人という職業を理由に、身近な地域の政治的な話題を取り上げることを疑問視する声も寄せられているという。

榎森さんによると、新基地建設問題を扱った動画は、ほかの動画に比べ拡散された数が少ない。

「辺野古の動画をリツイートするだけで、政治的な意思表示をしていると思われるので控えている人が多いのでは」と分析し、「政治についての自分の情報ソースを示すことすらもためらわれる息苦しさが実社会にある」と語る。

だからこそ、SNS上で自分とは違う意見も受け入れ、発信していくことの大切さを説く。

「政治について発信することがタブーなのではなく、中傷的なコメントでたたいてくる人たちがタブーだと捉えられる社会になってほしい」――そう願い、今後も海に出続ける。

8 垣根越え検証必要 ＦＩＪの挑戦

◆ファクトチェック基準

２０１９年4月2日、インターネット上などで流れる情報の正確性を調べる団体「ファクトチェック・イニシアティブ」（ＦＩＪ）が、ファクトチェックをする場合の基準「レーティング基準」を発表した。

この日は「国際ファクトチェックデー」だ。深刻化するフェイクニュース問題を受けて「国際ファクトチェックネットワーク」（ＩＦＣＮ）の呼び掛けで２０１８年から始まった。同じ日に基準を発表したＦＩＪの楊井《やない》人文《ひとふみ》事務局長は、「基準を示した上で取り組むことで透明性を持たせることができる」とレーティング基準の意義を話す。

ＦＩＪは、ファクトチェックの活動を日本で広めることを目的とし、17年6月に設立された。17年10月にあった衆院選や18年9月の県知事選挙では、複数のメディアと協力しファクト

FIJが示した九つのレーティング基準

正確	事実の誤りはなく、重要な要素が欠けていない
ほぼ正確	一部は不正確だが、主要な部分・根幹に誤りはない
不正確	正確な部分と不正確な部分が混じっていて、全体として正確性が欠如している
ミスリード	一見事実と異なることは言っていないが、釣り見出しや重要な事実の欠落などにより、誤解の余地が大きい
根拠不明	誤りと証明できないが、証拠・根拠がないか非常に乏しい
誤り	全て、もしくは根幹部分に事実の誤りがある
虚偽	全て、もしくは根幹部分に事実の誤りがあり、事実でないと知りながら伝えた疑いが濃厚である
判定留保	真偽を証明することが困難。誤りの可能性が強くはないが、否定もできない
検証対象外	意見や主観的な認識・評価に関することであり、真偽を証明・解明できる事柄ではない

チェックを実施した。沖縄の地元2紙も検証に臨んだことに「画期的な取り組みだった」と評価する。

一方で日本のメディアのファクトチェックへの取り組みは、他国に比べ「かなり遅れている」と指摘する。

背景には、選挙期間中にメディアが情報を検証し発信することで、どちらかの候補者に偏るのではないかという「日本独特」の考え方があるという。

他方、アメリカやフランス、韓国ではすでに、新聞やテレビ、ネットなどさまざまなメディアがファクトチェックに取り組む。

「レーティング基準」はこうした海外の事例を参考に、事実の誤りがなく重要な要素が欠けていないことを意味する「正確」、釣り見出しや重要な事実の欠落などにより誤解の余地が大きいとされる「ミスリード」、根幹部分に事実の誤りがあり事実でないと知りながら伝えた疑いが濃厚であることを示す「虚偽」――など九つの基準を設けた。

一方、この基準では「〇〇候補はうそつきだ」など具体的事実を伴わない誹謗《ひぼう》中傷は、検証対象外となっている。

楊井事務局長はファクトチェックの重要性について、「メディアの垣根を越えて知見や情報を共有する場が必要になる」と考える。

「一つのメディアがファクトチェックしても浸透しない。イデオロギーに関係なくさまざまなメディアが取り組むことで、誤った情報の広まりを防ぐことができる」と強調した。

第Ⅳ章

沖縄県知事選挙 取材ドキュメント

沖縄タイムス社はどう動いたか

2018年、県内最大の政治決戦だった沖縄県知事選挙は、8月8日の翁長雄志《おながたけし》知事の急逝により劇的に局面が動いた。後継候補の人選は急転直下、翁長氏の生前の音声データで玉城デニー氏に決まり、政府与党が全面支援した前宜野湾市長の佐喜真淳《さきまあつし》氏に約8万票差で大勝する結果となった。

「想定外」が続いた約2カ月間、記者たちが何を取材し、思ったのか。「沖縄タイムス」はその舞台裏を紹介した。

◆8月8日午後3時15分　知事の意識混濁情報

8月8日午後3時15分、那覇市泉崎にある県議会棟の記者室で、政経部県議会担当の大野亨恭の携帯電話が鳴った。相手は東京報道部の上地一姫。「知事が意識混濁《こんだく》との情報がある」との知らせ。沖縄県幹部が県関係国会議員に伝えたという情報が端緒だった。大野がその場で野党国会議員に電話すると「意識混濁、いま説明を受けた」と明かした。

翁長雄志氏は7月27日に名護市辺野古の埋め立て承認撤回を表明、8月9日には防衛局の意見や反論を聴き取る県の「聴聞《ちょうもん》」が予定され事態は緊迫していた。11月実施予定の知事選での翁長氏の動向も注目されていた。

「撤回も知事選も、どうなるんだ」。想定外の事態に大野の頭の中は真っ白になった。とにかく早く情報を共有しようと、社内メールで第一報を流した。

数分後、8月11日の県民大会に向けた事前取材を終えた浦添市政担当の伊禮由紀子の携帯電話が鳴った。「翁長知事が入院しているらしい。浦添総合病院に行ってほしい」。声の主は社会部フリーキャップの吉川毅。キャップの声が珍しく動揺していた。胸騒ぎがした。病院へ急行したが、周辺に目立った動きはなく報道陣もいない。一方、社内メールでは、翁長氏に関する情報がひっきりなしに入る。事態がどこへ向かうのか全く想像できないまま、1人で病院の出入り口を見つめた。

午後4時、本社11階の編集局では各部デスクが集まり朝刊の内容を話し合う調整会議が始まった。次長の稲嶺幸弘は「きょうは長い一日になる」と告げた。知事の容体や今後の進退を含めて、朝刊制作が締め切り時間ギリギリまでかかるとの見通しが念頭にあった。

◆午後4時20分　他紙「辞職」報道

会議中の午後4時20分ごろ、琉球新報の「翁長知事、辞職へ」とのウェブ速報が参加者のスマートフォンなどに表示された。会議は重苦しい空気に包まれた。政経部だけでなく、警察担当など別の部署の記者もそれぞれのネットワークで情報収集していたが、この時点で「辞職」の事実はつかめていなかった。

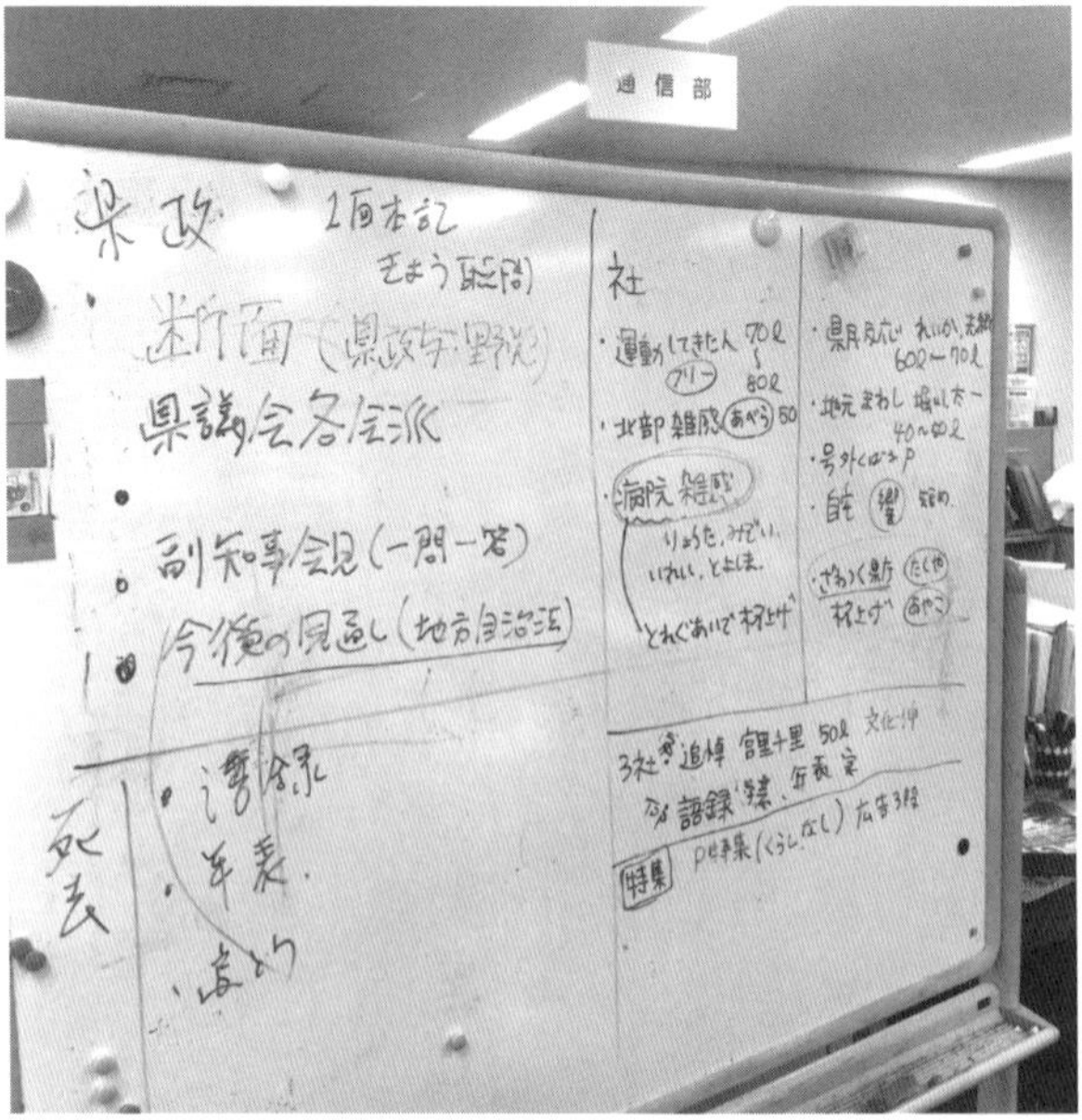

紙面展開や記者の配置について書かれた編集局のホワイトボード＝2018年8月8日午後8時17分、沖縄タイムス本社11階

県議会で取材中だった政経部の銘苅一哲に、政経部長の宮城栄作から「辞職へ、で速報を出せないのか」と電話が入った。銘苅は「辞職は自らの意志で申し出るもの。意識がないままでは辞職はできないはずだ。書けるとしても2期目が不透明に、が限界」と説明した。本社の混乱は分かるが、こんな時だからこそ記事は正確にするべきだと自分に言い聞かせた。

社会部厚生担当の石川亮太は、約1カ月前に親しい医療関係者から翁長氏の容体を懸念する意見を聞いていた。8月8日午後5時から始まった県庁6階の特別会議室での謝花喜一郎副知事の会見。ノートにメモしながら「回復の見込みはあるのか」と考えていると、マナーモードにしていた携帯が震えた。休みだったが、翁長氏の意識混濁を知らせる社内メールを見て出社していた社会部デスクの黒島美奈子から「専門医に知事の病状の見通しを聞くように」との指示だった。

その頃、東京報道部の大城大輔は、翁長氏のニュースを受けざわつく防衛省内で取材中だった。副知事会見のテレビ中継を見ていた職員も、衝撃を受けているように感じた。

午後5時4分、「他紙が号外」の知らせが社内メールに流れた。編集局内では、「辞職へ」の号外発行を巡る議論が編集局三役、政経、社会のデスクで続いていた。「意識混濁の中で『自ら職を辞する』と表明できない以上、号外は出せない」との意見に、「本人の意識混濁で意思表明ができず、辞職は必至ではないか」として号外を出すべきだという反論も上がった。

政治取材が長い次長の與那原良彦は「政治家の進退にかかわる話は慎重にすべきだ」と声を上げた。最終的に辞職の記事出稿を取りやめ、印刷センターの職員を待機させていた号外発行準備も解除された。

✦午後7時7分　死去一報、各部署で情報収集

翁長氏が膵臓《すいぞう》がんのため死去したのは8月8日午後6時43分。編集局に一報が入ったのは午後7時7分、他局の社員が電話で「翁長さんが亡くなった」と、伝えてきた。たまたま一緒にいた翁長氏の市長時代の側近からの情報だった。

編集局内は、再び騒然となった。「(側近は)誰から死去の情報を聞いたのか。ウラ(情報の確認)

翁長氏死去で慌ただしい編集局内

が取れたら号外を出す」。編集局長の与那嶺一枝が叫ぶと同時に、社会部フリーキャップの吉川は携帯を手にしていた。

側近に電話し、翁長氏の親族から連絡があったと確認した。当の親族に電話をするがつながらない。携帯をポケットに収めた時、折り返しがあった。「(親族が)今は電話しないでと言っている。(死去は)本当だから」。一報から数分後、与那嶺はいったん解除した号外発行のゴーサインを出した。

知事死去を受け、県政キャップの福元大輔は、12日前の最後の記者会見を思い出していた。承認撤回を表明する場で、知事に質問した。「2期目に出馬する責任があるのではないか」。知事は珍しく福元の目を見て、諭すように説明した。「人生は昨日、おとといにはなかったものが、きょう外反母趾《がいはんぼし》になり、歩きにくくなる。それを含めて考えてほしい」。死を覚悟していたんだと思うしかなかった。

翌日紙面の展開は慌ただしく変わった。社会部フリーはこの日、県外出張中の記者が３人もいて、人員が足りない。社会部長の玉城淳、デスクの大門雅子、キャップの吉川は頭を抱えながら、ホワイトボードを見つめていた。県庁、病院、翁長氏の自宅やゆかりのある那覇市栄町周辺、辺野古関係や県民反応、追悼文や翁長氏の過去の発言のまとめなど、各支社や各部にも応援を求めて取材体制を整えた。

次々と届く緊迫する事態を社内メールで把握していた学芸部の文化班。キャップの粟国雄一郎と吉田伸は翌週に予定していた文化面の原稿の全ての掲載を取りやめ、緊急連載の相談に入った。先が見通せない沖縄の針路を冷静に分析し、展望を示せる評者は誰なのか。そのリストアップに入った。

学芸部長の中島一人とデスクの内間健は翁長氏の語録をまとめた。過去に掲載された記事をデータベースで調べ、記事化した発言は33本、約３５００文字に上った。県民の心を打った数々の言葉がよみがえった。

◆午後7時20分　「翁長沖縄知事が死去」のネット速報発信

総合メディア企画局デジタル部長の平良秀明は、ネットでニュースを県内外に伝えようと部員に声を掛けていた。午後7時20分「翁長沖縄知事が死去」の速報。ヤフーニュースのトップで掲載され、タイムスのサイトは国内外から過去最多のアクセスを記録。通信社を介して速報は世界を駆け巡った。

社会部の榮門琴音と特報班の下地由美子は、「翁長知事死去」の大見出しの号外を手に夜の久茂地を走っていた。榮門は入社以来何度も号外を配ったが、持つ手が震え足に力が入らない感覚は初めて。号外を手にした人が「えっ亡くなった？」と聞いてくる。「はい」と短く応えることしかできなかった。

午後8時、沖縄市で開かれていた元衆議院議員の故上原康助氏をしのぶ会でも、翁長氏急逝の知らせが届いていた。中部報道部の宮城一彰は、出席していた現知事の玉城デニー氏にも取材していた。この時、後継として知事選に挑むとは予想もしていなかった。

午後9時すぎ、南部報道部の堀川幸太郎と中部報道部の比嘉太一は、翁長氏のゆかりの場所である栄町を歩いていた。商店街に入ると翁長氏の急逝を悼《いた》む地元の人たちが集まっていた。涙ながらに翁長氏のことを語る人たちの声を聞きながらペンを握った。

午後9時20分ごろ、翁長氏が自宅に戻る様子を取材するため、県警キャップの山城響は那覇市の自宅前にいた。集まった報道各社に、次男の雄治《たけはる》氏が付近住民への影響や安全確保を理由に取材をやめるよう訴えたが、収拾がつかない。遺族の思いに寄り添うべきだと悩んだが、「県内公人トップの死去。全てを記録したい」との思いが勝った。

午後10時ごろ、病院では、翁長氏に対面する関係者が出入りしていた。入社4カ月で県警担当の豊島鉄博は、関係者の悲しみの声を無我夢中でメモした。

午後10時15分、病院地下駐車場で待つ報道陣の前に、沈痛な表情の謝花《じゃはな》副知事が姿を現した。社会部サブキャップの新垣綾子はその5時間前、県庁で「一日も早い回復を……」と希望を口にしていた副知事の言葉との落差に胸が詰まった。

翁長知事の死去について会見する謝花副知事（中央左）＝2018年8月8日午後10時18分、浦添総合病院

翁長氏を乗せた車両が病院を出た後の午後10時28分、米軍のオスプレイが病院上空を通過した。基地の過重負担を国内外に訴えた翁長氏の死去と、それを無視するかのような運用を続ける米軍。政経部の伊集竜太郎は言いようのない怒りを覚え、社内メールに通過の事実を送った。
この日だけで社内メールの送受信は約２００件。激動の１日は、現職知事の死去に伴う異例の知事選の日々へと続いていく。

◆8月18日　「遺言」音声データが存在

翁長雄志知事の死去から10日たった8月18日の夕刻。県議会の与党会派室で男性議員の怒声にも似た声が響いていた。「知事の遺言が残っているとはどういうことだ。今更選考を白紙に戻すのか」。翁長氏の急逝を受け、県議会与党は9月30日に実施される知事選に向け、後継候補の選考に着手していた。

前日17日の選考委員会では、候補者を金秀グループの呉屋守将《ごやもりまさ》会長、謝花喜一郎副知事、赤嶺昇県議会副議長の3氏に絞り込み、18日朝刊の1面には3氏の名前と顔写真が掲載された。だが、突然、翁長氏の生前の音声データが発見された。音声は、17日に翁長氏の遺族関係者から新里米吉《しんざとよねきち》県議会議長に渡されていた。しかも、翁長氏の肉声は、後継候補として呉屋氏と、選考委員会では名前が挙がっていなかった玉城デニー衆院議員（当時）を名指ししていた。

県議会関係者から、翁長氏の音声データが存在している可能性を聞きつけ、県議会に駆け付けた政経部の大野亨恭の疑念は、会派室から漏れる怒声を聞き、確信に変わった。

「急転直下、知事候補は玉城氏になる」と確信しつつも、突然の事態に動揺した大野は午後5時すぎ、同僚記者に通信アプリLINE（ライン）で一言「やばい、知事の遺言が音声で残ってた」と発信した。「どういうこと?」と事態がのみ込めない同僚に、「デニーと呉屋を後継指名している。取材だ」と返信した。知事選取材班を中心に裏取りと、玉城、呉屋両氏の意向確認作業に取り掛かった。

そのころ、新里氏は玉城氏に1回目の出馬を打診していた。玉城氏は打診に「今の段階で私から行動を起こすことはない。出馬はしない」と否定した。

突然のニュースに、本社では8月19日付朝刊メニューの差し替えなどの対応に追われていた。午後6時、政経部長で当日デスクの宮城栄作は、取材班に「いつ録音されたものか、音声の中身を取材するように」とメールを送った。内容の骨子の掲載も目指すよう伝えた。

整理部デスク奥村敦子は翌日の紙面メニューを決める調整会議を終え、記事を振り分ける作業に入っていた。宮城から音声データの存在を知らされ、つい1時間前に決めた1面の構成の変更を即断。音声データの記事のために1面トップをあけた。「オール沖縄内の流れが大きく変わるかもしれない」と感じた。

8月18日午後7時30分、玉城氏は豊見城市内で記者団に囲まれもみくちゃにされていた。意向を確認する記者に「出馬の意志はない」と返答した。ただ、翁長氏からの後継指名に関しては「非常に重い」と言葉を選び、政治の師である自由党の小沢一郎共同代表に報告したことも明かした。

午後8時30分。取材班の仲本大地は後継指名されたもう一人、呉屋氏の自宅前で帰りを待っていた。車の後部座席から降りた呉屋氏は記者の存在に気付き近寄った。前日の取材時の穏やかな表情とは打って変わり、少しこわばった表情で「経済人として新知事を支えたい」。明確に否定する呉屋氏に、仲本は「名前が挙がっている以上、一考はするのではないか」と思う半面、企業経営者としては迷うのは当然だとも思った。

後日、呉屋氏はこの日を振り返り「朝まで出馬するかどうか、考えていた」と明かした。

✦8月19日　玉城氏に直接会って確認

翌19日。東京報道部の上地一姫は取材班に入るため沖縄に戻り、その足で沖縄市の玉城事務所に向かった。翁長氏の音声が発見された18日から玉城氏へ何度か電話で立候補の有無を確認したが、「直接会わないといけない」と思った。

事務所内で2人で話している時、県議会与党などでつくる「調整会議」メンバーから玉城氏にこれから会いに行くと電話が入った。「どうするのか」と尋ねると、玉城氏は「翁長さんが命を懸けてあそこまでやり、病床で私の名前を挙げたのは重い。これを断ったら政治の美学に劣る」と語り、知事になった後の展望を語り出した。

上地は事務所を出て、大野に電話した。「後援会への説明など手順を踏むから時間はかかるが、立候補へと記事を書いて構わない」

8月20日の朝刊1面トップに「玉城氏、知事選出馬へ」との見出しが躍った。小沢氏や後援会などとの協議を重ねた玉城氏は、音声発見から11日後の29日に出馬会見を開いた。会場は、翁長氏の自宅にほど近い、那覇市大道のホテルだった。

翁長氏の遺志を継ぐと強調した玉城氏。「トゥーヌイービヤ、ユヌタケヤアラン（10本の指は

（平成30年）9月14日 金曜日　沖縄タイムス　1948年7月10日 第3種郵便物認可　第24995号　（日刊）

新基地や経済 争点

知事選告示 事実上の一騎打ち

佐喜真・玉城氏、立候補

9・30 知事選

翁長雄志前知事の死去に伴う第13回県知事選挙が13日告示され、いずれも無所属で新人の前宜野湾市長の佐喜真淳氏(54)＝自民、公明、維新、希望推薦、自由党前衆院議員で「オール沖縄」勢力が推す玉城デニー氏(58)ら4人が立候補を届け出た。米軍普天間飛行場の返還方法や名護市辺野古への新基地建設、経済振興、子育て支援などを主な争点に、30日の投開票まで17日間の選挙戦に突入した。

（2・3・26・27面に関連）

知事選は、与野党が激しく対決する佐喜真氏と玉城氏の事実上の一騎打ちで、結果は新基地建設計画などに影響を与える可能性がある。14日から県内各市町村で期日前投票が始まる。

佐喜真氏は普天間飛行場の一日も早い返還と早期の運用停止、県民の所得向上、米軍基地返還跡地の利用促進などを訴えている。

玉城氏は翁長氏の後継として、新基地建設阻止を掲げ、好調なアジア経済を取り入れた自立型経済の確立などを主張している。

両氏とも普天間の早期返還では一致しているものの、手法は分かれている。

このほか、元那覇市議で琉球料理研究家の渡口初美

出発式で第一声を上げる佐喜真淳氏＝13日午前、那覇市牧志

対話を通し未来へ前進

佐喜真候補

県民の暮らし最優先宣言をした。まずやりたいことは県民の所得を300万円まで上げるよう努力する。子どもの貧困の撲滅を実現していく。給食費、保育料、医療費の無償化を目指して子育て、教育王国・沖縄をつくっていく。

沖縄には39の有人離島がある。本島も本土に行くにも交通費が大きな課題。航空運賃の軽減を図り、どこにいても幸せが感じられる沖縄をつくっていく。4年間進まなかった北部の基幹病院を、市町村負担がないよう設置して命を守る。

145万の県民が等しく喜べるようにするのが県知事の役割だ。宜野湾市長として2期6年間、市政運営を行ってきた。普天間飛行場の返還が実現できなかったじくじたる思いがある。私は絶対に諦めない。県民、市民のため普天間、キャンプ・キンザー、那覇軍港を含めて返還できるのは私しかいない。全力で沖縄のために頑張る。基地問題も私にしかできない。県民の悲願である、日米地位協定は絶対に改定する。

対立や分断ではなく対話、和をもって沖縄を取り戻す。和をもって沖縄をつくる。和をもって沖縄の未来を前に進めよう。

佐喜真淳氏（さきま・あつし）1964年8月9日生まれ。宜野湾市出身。宜野湾市議2期、県議2期、宜野湾市長を2期6年務めた。

出発式で第一声を上げる玉城デニー氏＝13日午前、伊江村東江上

誇りある豊かさを構築

玉城候補

ここ伊江島で生まれた母の長男として生を受けた。伊江島は、戦後の島ぐるみ闘争の発祥地だ。もう一度ちむぐくるを奮い立たせ、右も左も、イデオロギーなど関係ない、アイデンティティーに根ざした未来の沖縄をつくっていきたい。

子どもの貧困を断ち切るために、全市町村に子育て世代包括支援センターを設置する。年金や非正規雇用、アルバイトにより学業を優先できない学生の問題など、すべての県民を救うための条例を制定し、ひとりも取り残さない、ちむぐくるの県政をつくりたい。

国の補助金頼みではなく、自らの力で海外に打って出る。沖縄が日本経済のフロントランナーとして最前線に立てるよう、外資を呼び込み、実のある観光立県沖縄の経済をつくりたい。得られた県民収入を優しい沖縄社会へ循環していく。それが玉城デニーの目指す新時代沖縄の未来。

うちなーんちゅが「誇りある豊かさ」を築き「イデオロギーよりもアイデンティティー」を大事にしようという翁長雄志知事の遺志を引き継ぎ、辺野古に新しい基地を造らせない、その意思を明確にして選挙戦を堂々と闘っていこう。

玉城デニー氏（たまき・でにー）1959年10月13日生まれ。うるま市出身。タレント活動を経て沖縄市議1期、衆院議員4期を務めた。

沖縄タイムス OKINAWA TIMES
2018年 9月14日 金曜日
（平成30年）【旧8月5日・赤口】
発行所　那覇市久茂地2丁目2番2号
（郵便番号900－8678）沖縄タイムス社
代表電話 (098)860-3000
読者センター (098)860-3663
購読・配達の問い合わせ 0120-21-9674

紙面から

エイサー風之舞20周年 23

糸満市内を中心に4～32歳約50人が創作エイサーを踊る「古武道太鼓集団風之舞」が今年、結成から20周年を迎えた。16日の記念公演では、郷里をテーマにした演目を力いっぱい舞う。

全米V大坂 笑顔で凱旋 16

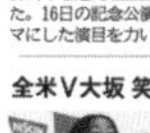

テニスの全米オープンで四大大会シングルスの日本勢初優勝の快挙を果たした大坂なおみ選手(20)が13日、父のレオナルドさん、母の環さんらと凱旋した。

ツルハドラッグ 県内へ 9

金秀商事は13日、ドラッグストア大手のツルハホールディングスの子会社ツルハとフランチャイズ契約を締結したと発表した。来年2月に「ツルハドラッグ」1号店を開店予定。

同じ長さではない)」と、個々の人間が尊重される社会を目指すと笑顔で語った。政経部の嘉良謙太朗は「人柄がにじみ出ている。同じウチナーンチュとして心に響く」と率直に思った。

玉城氏の隣の席には、翁長氏が8月の県民大会でかぶるはずだった「辺野古ブルー」の帽子が置かれていた。

◆9月27日　三日攻防、現場の肌感覚で予想的中

知事選の「三日攻防」に突入した9月27日、選挙取材班キャップの大野亨恭に、自民党関係者が情勢調査の結果を提示した。自民、公明などから推薦を受けた佐喜真淳氏が、「オール沖縄」勢力が推す玉城デニー氏との差を縮めていた。選挙では、誰が当選するかで翌日の紙面ががらりと変わる。当選者の予想は重要だ。

沖縄タイムスは情勢・世論調査の結果を受け、9月24日の紙面で「玉城氏先行、佐喜真氏追う」と、玉城氏優勢を伝えたが、他の報道各社は「接戦」「互角」と報じていた。各社の調査結果は、似通っていた。佐喜真氏優勢とする自民党調査とは対照的に玉城氏が軒並み大幅にリードする結果となった。大野はこの差に疑問を感じていた。

県政キャップの福元大輔は、報道各社の調査結果を疑っていた。2月の名護市長選でのトラウマを抱えていたからだ。マスコミの調査で、稲嶺進氏が渡具知《とぐち》武豊《たけとよ》氏を大きく引き離しなが

ら、結果は渡具知氏の大勝だった。マスコミの調査に回答しない人が多かった点、自民の調査で差が拮抗していた点が、今回の知事選と同じだった。固定電話に頼る世論調査は若者の動向が見えづらい。「これで佐喜真氏逆転なら、世論調査の意味がない」と頭をよぎった。一方、選挙の動向は数字以上に、現場での肌感覚が重要になる。

９月26日午前。写真部の金城健太は宜野湾市の住宅地を回る玉城氏の姿をカメラで追った。多くの人が駆け寄り、「頑張って」と声を掛けた。同日午後、佐喜真氏は主に企業回りに走り、有権者と触れ合う写真を撮るのは困難だった。

４月に入社した政経部の屋宜菜々子は、玉城氏の選対を担当した。台風の影響で予定を変更し、投開票２日前の９月28日に打ち上げ式を開催。直前の連絡にもかかわらず、２００人近い支援者が集まり、勝利を祈るまなざしに「玉城氏勝利」を確信した。メモを取るのも困難な風雨だが、誰も帰らない。鳴りやまぬ指笛と「デニーコール」。現場にいた政経部の嘉良謙太朗も同じ気持ちだった。

直接の選挙取材ではなく、社会面の記事を仕切ったフリーキャップの吉川毅。酒を飲む場では自身も政治の話をタブーにしてきたが、今回は違った。多くの人と対話し、何となく玉城氏の方に反応が良いように感じていた。

✦9月30日　投開票日――いつ当確を出すか

投開票日の9月30日。午後7時までに政経部デスクの赤嶺由紀子と知念清張のもとに、担当記者から勝因、敗因、解説などの「予定稿」が2本ずつ届いた。当選者によって、いずれか1本はボツになる。紙面を組む整理部でも両氏の勝利を想定し、2パターンの見出しが付けられていった。

午後7時すぎ、当日出口調査で玉城氏の優勢は明らかになった。知念は当日の整理部デスク上間雅人に「玉城氏で固い」と伝えた。玉城氏当選のパターンで準備作業は加速していった。「いつ当確を出すか」。30日午後7時半すぎ。編集局長の与那嶺一枝らが検討に入った。沖縄タイムス本社11階の同じフロアで朝日新聞社のネット特番が始まった。出演するため、大野が席に着いた午後8時、朝日新聞がどこよりも早く「当選確実」を出した。

写真部の田嶋正雄は、玉城選対に詰め掛けたカメラマンの多さに驚いた。20年前から知事選を取材しているが、最多だ。ネットメディアの動画カメラが増えたことが大きい。玉城氏の後方、カメラに写りやすい位置に若者や女性、親子連れなどが座った。新鮮さと多様性を発信しようとする意志を感じた。

特報チームの新崎哲史は身動きが取れないほどの支援者であふれかえった事務所で、最後尾

沖縄県知事選で当選を決め、支援者らとカチャーシーを踊る玉城デニー氏（中央）＝2018年9月30日午後9時35分、那覇市

から三段脚立に立ち、取材相手を探した。同期で社会部の石川亮太から着信が入った。「デニーさんの正面にいるね。いい位置にいるから動画を撮って」

テレビが当確を打った瞬間の玉城氏が見せる表情を逃すわけにはいかない。午後9時半。両手を真上に伸ばしてカメラを構えた。

両手で頭を抱えた後、天を仰ぎ、深いため息をついた玉城氏。カチャーシーの乱舞、孫と喜ぶ姿など約2分の動画を記録した。

映像は、その日のうちに沖縄タイムスのホームページや動画サイトYouTubeにアップした。10月12日現在、6万7千回閲覧されている。

◆試行錯誤のファクトチェック―偽ニュースを検証

今回の県知事選は、ネット上でフェイクニュースが出回り、ファクトチェックに注目が集まった全国的にも初の選挙だった。これまでになかった選挙でのネットの動きにどう取り組んだらいいのか、沖縄タイムスは深く悩んだ。

２０１６年、トランプ米大統領を誕生させた〝立役者〟だとされるフェイクニュース。デジタル部の與那覇里子は、県知事選が本格化し始めた9月初旬からネット上で真偽不明の情報が急激に増え、拡散されていると感じていた。

「玉城氏の『外貨を呼び込む』先を中国と断定」「佐喜真氏が宜野湾で給食費を『値上げ』したとの情報を拡散」

これまでの選挙の比ではない。フェイクニュースへの対策を打たなければと思ったが、検証した経験がない。ましてや選挙中は、各候補者の記事の行数、写真の大きさまで必ずそろえるのが新聞報道の基本。フェイクニュースを扱ってしまえば、一方の候補者の情報に偏り、中立性を保てなくなるのではないか、と迷っていた。

琉球新報は、連日のように記事を出していた。與那覇は悩んだ末、9月10日夜、フェイクニュースに詳しい専門家にメッセージを送った。「どう取り組めばいいか分かりません」

すぐに返事があった。海外ではメディアが議論を重ね、フェイクニュースをチェックするガイドラインがあること、フェイクニュースに関する用語を整理する必要があることが分かった。

翌11日、急ピッチでプロジェクト体制づくりが進んだ。政経部と社会部の現場記者をはじめ、デスクや次長を含めた12人が交代しながら、フェイクニュースを収集することになった。確認したのは特定の候補者に偏らずに集めること。

紙面では、国際ファクトチェック・ネットワーク（ＩＦＣＮ）の基準　①特定の党派に偏らず公平に行う　②情報源の詳細も公開する――など5項目で検証していくことを読者に説明した。スタートは告示の9月13日と決まった。

9月14日、午前10時。基地担当の銘苅一哲は、パソコンを立ち上げフェイクニュースチェックを始めた。ツイッターで候補者の名前を検索すると多くの投稿が出てきた。従来の中傷ビラが、スマホやＳＮＳの普及で形を変えているのか、応援より批判が目立った。

フリーキャップの吉川毅は「県知事選」と検索した。「デニーが勝てば沖縄はさらなる中国の侵略を許す」との投稿がすぐに目に入った。信じている人がいるのかと笑いたくなったが、飲み屋で「中国の侵略」を真面目に口にしている若者がいたことを思い出した。膨大なデマに真実が覆われている。胃が痛くなった。

社会部の比嘉桃乃は、間違いなのかよく分からない情報も、とりあえず収集しようとチェックを続けた。

政経部の伊集竜太郎は2018年2月の名護市長選を思い出していた。当時、政策などよりも、ネガティブな投稿が相次いでいた。取材に関わる誰もが「報道がデマにどう向き合うか」を考えさせられた。知事選でもネットでは同様の状況だった。

9月21日、プロジェクトに関わるメンバーで全体会議を開いた。政治家や官僚の嘘を検証する「ファクトチェック」と、SNSのデマについて調べる「ベリフィケーション」の違いを確認した。前者はこれまでも報道してきたため、今回は後者を検証することになった。有権者が適切に判断できるようにデマ情報の真偽を確かめていくとの共通認識を持って検証作業に移った。

投開票まで残り1週間となった9月23日、警察担当の豊島鉄博は、日々のチェックを繰り返すうち、デマに慣れきって情報を懐疑的に見られなくなっている自分に気付いた。

與那覇は、記者から毎日寄せられるフェイクニュースの疑いの高い情報について一つひとつ、情報源に当たり、検証するべき情報を精査した。個人的な主張や意見は検証候補から外した。

大きく判断に迷う情報もあった。

その一つが、佐喜真淳候補の政策「携帯代4割削減」の真偽だ。ネットでは大きな話題になっていて、琉球新報もネットメディアのバズフィードも大きく取り上げた。選挙期間中のこれまでの報道であれば、候補者の政策の実現可能性に言及することはない。読者が判断するものだとの考えに基づいているからだ。

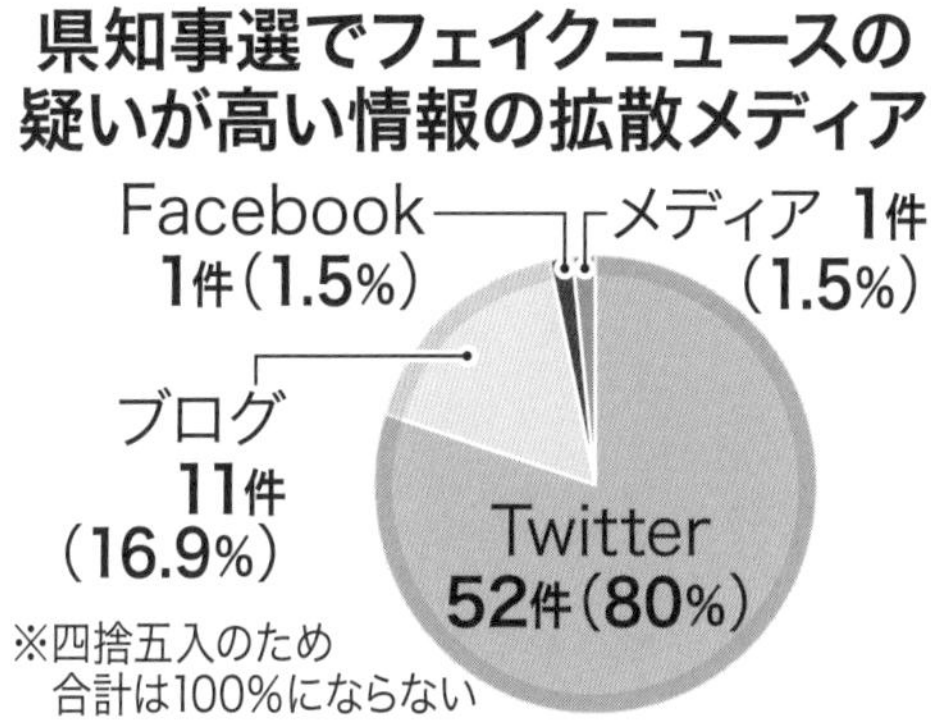

「ネットで話題なのにタイムスはなぜ書かないんだとの声も出てくる」

「書くなら、玉城氏の政策の検証もしなければ公平ではない」

扱うか、扱わないか、編集局内でも意見が割れた。国際基準に照らし合わせ、公平性の観点から考えた。政策をフェイクニュースの検証で扱うべきではなく、従来の報道姿勢で取り組むことに落ち着いた。

記者が集めた60件のうち、検証するのは17件に絞られた。各市町村の担当記者に選挙取材班、政経部、社会部が総動員で、一つひとつ確認を取りに走った。

虚偽だと確実に判断できた二つの情報を紙面に掲載で

きたのは9月27日(次ページ参照)。ネットでは読者も検証できるように、情報源のリンクやフェイク情報の画像なども掲載した。

真偽不明な投稿については、混乱を招く恐れがあるため、掲載は見送った。

投開票日から約1週間たった10月8、9の両日、記者、管理職が顔を合わせてフェイクニュースプロジェクトを振り返った。

「日頃から記者の仕事そのものがファクトチェックであり、改めてやることではない」

「検証しないと間違った情報が拡散してしまう。政策についても書くべきだった」

「書かなかったことについても検証すべきだ」

「他のメディアに流されず、タイムスの基準を持って対応するべきだ」

トランプ米大統領の「フェイクニュース」発言が取り上げられて以降、対策は世界で進むが、その弊害も議論されている。

専門家からは「選挙に関する情報を真偽に分けることで、有権者の分断が加速する可能性があり、慎重な取り組みが必要だ」との指摘があった。

沖縄タイムスが初めて挑んだ選挙戦でのファクトチェック。NHKは記者それぞれが悩み、

9・30 知事選

1票惑わす偽情報

ネットで拡散 検証

誤り 翁長氏 米面会できず
政策文字数 候補で差

フェイクニュース（主にツイッターで拡散）の一部

内容	本紙が虚偽と判断した理由
佐喜真氏の政策文字数は2.2万字超えで、デニーの政策の文字数は約800字。佐喜真氏は具体的	比較の根拠が異なる。佐喜真氏は政策集。玉城氏はホームページから主要ポイントの抜粋
共産党出馬の翁長知事が訪米しても政府関係者の誰にも会えなかったし、沖縄の米軍基地の中にすら入れなかった	共産党県委「翁長前知事が党から出馬したことはない」。訪米に同行記者「政府関係者と会った」。県「知事は米軍基地の中に入れる」

30日投開票の県知事選を巡り、候補者をおとしめるような虚偽情報「フェイクニュース」が飛び交っている。多くがツイッターなど会員制交流サイト（SNS）で一気に拡散するため、専門家は「有権者の判断をゆがめかねず、民主主義の根幹を揺るがす」と警鐘を鳴らす。佐喜真淳氏(54)、玉城デニー氏(58)の2候補に関わるニュースの中から沖縄タイムスが検証した一部を紹介する。

（1面参照）

ツイッター【共産党出馬の翁長知事が訪米しても政府関係者の誰にも会えなかったし、沖縄の米軍基地の中にすら入れなかった】

玉城氏が遺志を継ぐ翁長雄志前知事について、共産党県委員会は「党から出馬した事実はない」と説明。2014年に翁長前知事が就任して以降の訪米を本紙記者が同行取材し、国務省や国防総省などの関係者との面談で沖縄の基地負担軽減を直訴した記事を掲載している。

県基地対策課によると、基地内への抗議や要請、司令官の交代式などのイベントは、副知事や知事公室長が対応し「基地内に入れないということは一切なかった」との見解を示した。

ツイッター【佐喜真氏の政策の文字数は2・2万字超えで、玉城氏は約800字】

「政策」の文字数を比較した上で、佐喜真氏は「具体的」だが、玉城氏は「具体的に何をするか全くなし」とし、「その差が文字数となって表れている」と主張している。

これに対し、玉城氏選対の関係者は「全くの事実無根だ」と否定。「9月10日の記者会見で政策を発表している。選挙母体のホームページなどでも多種多様な政策を具体的に公開している」と説明した。

佐喜真氏の選対関係者は「今回の政策集は沖縄の現状を数字で示すなど見やすさ、分かりやすさを重視した。必要な項目を書いたらあの分量になった」という。

ツイッター【佐喜真氏は宜野湾市長選で給食費無料化を掲げて当選したが、値上げした】

佐喜真氏が宜野湾市長を務めていた17年度、市の給食費は小学生が1人月額3900円から4300円に、中学生が4500円から4900円に値上がりした。食材費などの高騰が理由。ただし、小学生については市長1期目中の13年度から始まった給食費の助成制度で、毎年度1900～2150円が助成され、保護者負担は実質半額まで軽減されている。一方、中学生は助成対象外で、市学校給食センターは「財源的な問題が大きい」と説明する。

「沖縄タイムス」2018年9月27日付社会面

苦しみ、フェイクの検証を進める様子を密着取材した。
しかしまだ、報道の「正しい」在り方への結論は出ていない。

第Ⅴ章

ネットメディア変化の兆し

ＳＮＳの普及は市民一人ひとりの発信力を飛躍的に高めた一方で、事実でない内容を流す「フェイクニュース」や「デマ」の広がりなど課題も抱えている。ＳＮＳが既存のメディアや市民の情報収集の在り方をどう変えたか。

■識者に聞く

◆東京工業大学准教授・西田亮介さん（情報社会論）

――２０１３年にネット選挙が解禁され、変化した点は

「２０１３年の毎日新聞社との共同研究では、獲得議席数とリツイート数の間に相関関係を見いだすことができたのは、共産党だけだった。ネットは、特定の地域に情報を流通させることが得意ではない。得票要因は大規模な選挙ほど明確ではない」

――一方で、選挙時にネットを重視する動きになってきている

「選挙運動期間中に、ネットに注力するというのはしょうがないかもしれない。例えば、国

政選挙のように注目される選挙の場合、その時にしか政治に関心をもたない、あるいは沖縄の問題に関心を持たない人というのは少なくない。その人たちがネットを経由して、情報を摂取することは否定できない。ネットメディアも同様で、その期間に集中的に問題を取り上げたり、記者を沖縄に送り込んだりする。そうだとすると、その期間に何もしないというのはそれはそれで間違っている。よかれ悪しかれ、人はそういう反応をしてしまう」

西田亮介さん

――ただし、SNSにはフェイクニュースも含まれている。投票行動や民主主義にどんな影響を与えているのか

「民主主義は、ある種の矛盾を含んでいる。人々が判断を下した選択結果を信頼する考え方だが、ネットの登場以降、新聞やテレビ離れが進んだ。情報源があまりにバラバラで、共通感覚を持ちにくくなり、保守や革新など伝統的な政治用語が指し示す対象さえ従来よりも重なりにくくなっている。うそがない『完全情報』は完全に幻想となり、SNSだけに民主主義の情報源を期待することは難しいと思う」

「つまり、共通認識が生まれにくい。ネットが登場して、細分化され、例えば、僕たちは政治的なスタンスで『左』寄りだよね、私たちは『右』寄りだよねと話しても、それぞれが持っている認識の中からイメージする内容があまり重なっていない気がしている」

――政治に関する情報量が増えた結果、有権者は選択する要素が多くなり複雑性が増していることを指摘されている

「闇は深い。日本の政治教育ではそもそも、現代史と政局に関する具体的な知識が圧倒的に欠落している。公民の科目の中で、現在ある政党の性格を全く扱わない。それこそが政治的中立だということになっている。三権分立だけは習う。でも、現実に政治を選択するときは、人は政治家にせよ、政策にせよ、業績に対して一定の評価を行なわなければならない。あの政党はいいこと言ってるが、成果は挙げていないとか、議席を獲得できたことはないとか、さまざまな知識が必要になる評価に対し、ほとんど議論したり、検討したりしないまま、投票年齢を迎える。これは、戦後続いている問題だ。一方で、選挙制度の問題もある。日本の場合、公職選挙法は、選挙期間以外の選挙運動を禁止している。期間中だけ投票を呼び掛けたり、選挙運動ができるため、その期間しか、人は政治に関心を持たなくなる」

――時事問題についても学ぶ機会はほとんどない

「沖縄の基地の問題も難しい。中等教育では扱われることがない。中等教育で習わないと、多くの人の共通の認識を形成することは、期待できない。日本の大学進学率はせいぜい50％ほどで、よかれ悪しかれ、学部は山ほどあるため、大学は共通の認識を形成する役割を果たさない。政治教育でいうと、共通の知識を形成するには、中等教育までに考えないといけない。だから、現状としては、多くの人が、問題をその場で聞いて判断することになる。政治家はもちろん、マスメディアも本来は有権者の理性を耕したり、養ったりすることが求められるはずだが、放棄してしまっている」

――2018年の沖縄県知事選。各政党はネット対策に力を入れていた

「自民党サイドは資源に余裕があるので、ネットに対しても配慮するということ。野党はネット対応がだいぶ遅れたが、同時にネットは、持たざる者の武器でもあるため、野党も使う。この間、『ネットで話題』というトピックの重要性が上がり、ある程度認知されているため、ネットではネット対策をするものだという規範が、選挙関係者で強く形成されている。そのため、動画やツイッターなどの配信を効果と無関係にやっていると考えられる」

――最近、政党の投稿は、ツイッターやフェイスブックではなく、インスタグラムに勢いがある

「危険だと思う。テキストが主ではなく静止画や短編動画がメインで加工した投稿が当たり前になっている。何の説明もないから脊髄反射的な行動を誘発しやすくなる。政治との相性は悪く、理性的な判断に基づく選択を阻害する可能性がある。テロップや効果音で、なんとなくかっこいい候補や政党が選ばれてしまうイメージ先行の選択になりかねない」

「利用者は女性や若年層が多い。政党が接触を苦手とする世代だから魅力的に映るのだろう」

――政党など政治分野のＳＮＳへの対応は早い。マスメディアの課題は

「マスメディアの見方は、大別するとネットの過剰軽視か過剰期待のどちらかだが、基本的にはネットに対して無防備だ。例えば、政治や社会や硬いニュースを扱っているマスメディアの人ほど、『あれはあーゆーものだしね』という感じ。でも、『ネットで話題』になると大きく取り上げるなど、ネットへの期待も見える。つまりはきちんとネットに対応してこなかった」

「働く人の流動性もマスメディアからネットへの形は多い。だが、その逆は珍しいケースで、マスメディアでネットに対応できる人がいない。上層部は何かしら言うかもしれないが、彼ら自身でやれるわけではない。ただ、この問題は根が深い。英米圏の場合、ニュースメディアは、

ケーブルテレビの出現もあり、複数のメディアに対応していかなければならなかった、試行錯誤してきた伝統がある。一方で、日本の新聞社は、まるっきりやってこなかった。リストラもあまりせずに済んできた。とはいえ、２０１０年代後半にさしかかり、発行部数が激減し、対応策を急に迫られたが、やり方が分からない。結局、ネット対応は付け焼き刃になりがちだ。テレビと新聞が別の層で共存できた点も大きいだろう」

――ネットがここまで台頭するとは思っていなかったのかもしれない

「みんな、ネットを甘く見ていたのではないか。ネットにおける言説は、訳の分からないものであり、ネットというものは、そういう場所だと見ていた節があった。放置していた。でも、気がついたらネットがマスになり、伝統的なマスメディアがニッチになっていく。新聞とネットの立場が入れ替わってることに気がつかないままに、まだそのままでいいかなと牧歌的になってしまっている」

――考えられる対抗策は

「専門家も論考やオピニオンを発信し、ネットへの意見や規範性を打ち出していくべきではないか。ただ、学界の競争が激化したこともあって最近は専門分野の業績を重視する傾向が高く、若い研究者はメディアへの露出にあまり関心を持っていない印象だ」

――客観報道からそれてしまう恐れは

「そもそも、客観報道に軸足が置かれすぎている。客観的であるということを人々が信頼できなくなっている時代に、自分たちの報道が客観的だと言ってみたところで、説得力を持たない。日本のメディアにおける客観性の重視というのは、テレビというのは放送法があるのである意味仕方ないが、新聞社の場合は、戦後の混乱の中で形成されたモノに過ぎない。それをどうやって現代風にしていくのかというのは、メディア環境の変化のなかで、考えられてもいいのではないか」

――両論併記についての対応はどう考えているか

「例えば、メディアの立場があって、Aの賛成意見とBの反対意見がある、あるいは少数意見としてCの記述があるという風なことがあり得ると思う。しかし、日本のメディアにおける客観報道の問題は、自社の立場は明示されないことにある。どういう角度から言っているのかは言及されない。読み手と新聞社、放送事業者の間の『読者共同体』『視聴者共同体』の形成が期待できない時代に、記事や企画や番組を『共同体』にいない人が見てしまう、つまりネット経由で見えてしまう時代においては、なぜ、このような立場で発信しているのかという文脈を補う必要がある」

――例えば、新聞だと、それぞれの新聞社でその日に起きたニュースのうち、最も価値の高いニュースを1面に置くなどして紙面を作っていく。一方で、ネットの場合だと、相対評価はなく、各媒体のニュースが細切れに、バラバラに羅列されている

「そう。だから今は、朝日新聞が『左』で、読売新聞が『右』という感覚が、読者はもう分からない。そもそも、若い世代は、読んでないわけだから」

◆学習院大学教授・遠藤　薫さん（社会情報論）

――メディアはネット単独ではなく、テレビや新聞などの既存メディアと連携・融合することで影響力を発揮する「間《かん》メディア」と提唱されている。沖縄タイムスが沖縄県内の学生500人に対して実施した調査では、2018年の県知事選期間中に「フェイクニュースを見た」とした学生は11％だった。結果をどう捉えるか

「私が実施した調査でもかなり少なかった。若者も大人もほぼ見ていない。むしろ、『フェイ

遠藤薫さん

クニュース怖いね』という話が先行して実態が分かっていない。フェイクニュースはSNSで直接流れてくるより、ニュースサイトやマスメディアを介して拡散されることが多いのではないか」

「ネット上で多くの若者が楽しんでいるのは、おいしい店情報や日常的な話題がほとんど。それが普通だと思う」

――ネットでは、沖縄への批判的な意見が多い。なぜ、沖縄に熱くなるのか

「必ずしも批判的な意見ばかりとは思わない。沖縄の問題が熱くなるのは重要な争点であることを感じているため。だから、多様な意見が熱くなり、注目が集まることは良いこと」

「一方で以前、話題になった『保育園落ちた』ブログを調査したことがある。マスメディアも取り上げ、みんなが注目したことで政治も動いた。ただ、ネットでは最初はポジティブな意見が多かったものの、一定の成果を上げた後、ネガティブな言葉ばかりに変わった」

「ネガティブな言葉は、少数の人たちが同じことを書き込んでいた。それは世論ではない」

――でも、ぱっと見ているとこれが世論であると勘違いしてしまう。結果、民主主義はゆがんでしまわないか

「SNSを表面的に見て世論だと勘違いするのはとても危険。SNSでもマスメディアでも多様な意見を読み、議論することが重要。自分とは違う意見も尊重しながら議論する中から世論は形成されていく」

――ネットはいまや、何でも書き込まれる〝無法地帯〟になってしまっている

「『表現の自由』は絶対ではない。誹謗《ひぼう》中傷や虚偽情報など問題のある投稿には規制も避けられない。ただし規制の公正性については十分な議論が不可欠だ」

「問題投稿の規制についてはマスメディアと（ニュースを配信する）プラットフォーマーが話し合っていくことも重要。間メディア社会ではマスメディアとネットメディアは別々のものではない。問題投稿を防ぎ、多様な意見を巻き込んだ議論の場をつくることがメディアの役割であり、民主主義のために絶対必要だ」

■「幻想のメディア」読者からの声

２０１９年1月7日にスタートした連載「幻想のメディア」には、メールや電話のほかに会員制交流サイト（ＳＮＳ）からも多様な意見が寄せられた。「フェイクニュース発信者の追跡を」「ネットの情報が個人を傷つけることも書いて」といった要望もあった。

1月７日付の記事、沖縄タイムスなどが県知事選のフェイクニュースを見たかどうかについて学生５００人にアンケートした「偽ニュース見た学生11％」には、男性読者から「記者はこの数字を『少ない』と見ているのではないか？　県民１４０万人として、11％は15万４千人になる。侮ってはいけない」と指摘。「フェイクニュースを発信する方が悪い。分析記事ではなく、誰が発信しているのか追跡記事を読みたい」と注文した。

一方で、実際にアンケートに回答した学生のひとりは「見たことはないと答えたが、記事を読んだら、信じていた内容がフェイクであると書かれていた。リツイート数が多いと疑いにくい。今後は、信頼できるメディアと比較して正しい情報を取り入れたい」と書いた。

1月20日付連載「幻想のメディア」の記事「政策発信届く中傷」には、ネット上で「売国奴」

などと中傷された故・翁《お》長《なが》雄《たけ》志《し》前知事の息子で那覇市議の雄治《たけはる》さんの心境を紹介した。

「翁長知事が大変だった様子が分かった。ネットの情報はどれも誹謗中傷ばかりで真実は一つもないと思った」と共感の声が寄せられた。

「幻想のメディア」連載紙面

「翁長知事はそんな情報に心身ともに疲れたのではないか。亡くなったのは大変残念。ネットの情報が個人を傷つけることもあると書いてほしい」との意見もあった。

また、県知事選でフェイクニュースを流したアカウントに取材班がツイッターで接触した際には、賛否両論のコメントが書き込まれた。

「揚げ足を取られない運用を期待する。短文のツイッターは論争には向かない」「ツイッターでは淡々と記事を発信・紹介し、背景や取材したが紙面に載せられなかったエピソードなどを読みたい」との要望が届いた。

これらのやりとりを書いた2月3日付の「発信者の真意迫れず」に、県内の女性は「面白く読んだ。ネットはこういう誤った情報でいっぱいだ。新聞はもっと取り上げて検証した方がいい」と感想を寄せた。

60代の男性は、連載について「もっと掘り下げてほしい。私の世代はネットをあまり使わないが、最近は同世代でもスマホを持つ人が増えているので心配だ。ネットとの付き合い方をどうすればいいかを考えるべきだ」と提起した。

■担当記者＝座談会

２０１８年９月の県知事選では事実に基づかない「フェイクニュース」がネットを中心に出回った。利用者一人ひとりが情報を発信できるＳＮＳを介して情報がどう伝わり、人々にどう影響を与えるのか。それを探ろうと、連載「幻想のメディア　ＳＮＳの民主主義」は２０１９年１月にスタートした。

担当記者４人が、取材を通し考えたこと、新聞はネットにどう向き合うべきかなどについて話し合った。

與那覇里子　2018年の県知事選は偽ニュースを検証するファクトチェックに注目が集まった全国的にも初めての選挙だった。偽ニュースの経路が分かれば、発信や拡散を抑えられるのではないかと考えた。研究者の協力を得て、県内の学生に偽ニュースに接したかどうかなどのアンケートをした。

石川亮太　取材に着手したのは18年末。19年には辺野古の新基地建設についての県民投票が予定されていた。学生アンケートで、ＳＮＳ上の事象や問題点を具体的な事例からあぶり出し、読者と一緒にネット上の情報との接し方を考えたいと思った。若い世代が当たり前のように使う「リツイート」などの言葉を初心者に分かりやすく伝えるのも目的の一つだった。取材で印象深かったことは。

豊島鉄博　18年の県知事選で佐喜真淳さんを支援する会の青年部長を務めた嘉陽宗一郎さんの記事には、10代や20代の読者からの反響が大きかった。嘉陽さんの「ＳＮＳが建設的な議論につながるためのツールになってほしい」というメッセージが届いたのではないか。

與那覇　アンケートを基に県内の学生で「偽ニュースを見ていたのは11％」とした記事には、「もっといるのではないか、フェイクだと認識していないのでは」と読者からの指摘もあった。

偽ニュースを見た学生と一緒に、発信元をたどったが、突き止められなかったのは残念だった。

比嘉桃乃　連載ではインターネットを利用していると、利用者が好ましいと思う情報の表示が増え、それ以外の情報が遮断されてしまう「フィルターバブル」を取り上げた。同じサイトを見ていても、隣の人と自分の見ている画面が違うことを、どう表現するか頭を悩ませた。

石川　これまでのやり方が通用せず、難航した取材も多かった。

豊島　偽ニュースを流した発信者にSNSで接触を試みた時は、利用者から賛否両論の声が相次いだ。直接会っての対面取材ではなく、ツイッターだけのコミュニケーションではすれ違いもあった。

石川　ネット上での情報発信者の意図に迫る取材手法は確立されていない。新聞社が、SNSを介した取材で取材相手と関わる難しさを痛感した。今後、新聞はどうネットと向き合うべきか。

比嘉　SNSの普及で誰もが発信者となり得るが、同時にそれは不確実な情報で世間を混乱させる可能性もはらむ。マスメディア側でファクトチェックをする体制はまだまだ浸透していない。メディアの垣根を越えて取り組んでいく必要があると思う。取材を通し、マスメディアが発信する情報の信頼性が、これまで以上に求められていると強く感じた。

豊島　マスメディアによる性急なファクトチェックに、ネットユーザーが感情的に反発し、偽ニュースへの信頼をさらに強めてしまう「バックファイアー効果」が世界中で起きている。その反応も考慮した上で、誤った情報が広がる経路を客観的に分析できる方法を模索していくべきではないか。

石川　SNS内で何度も同じニュースに触れるうちに、似た意見だけが共鳴し合って増強され、反対側の意見が排除される「エコーチェンバー（共鳴室）」現象が偽ニュース拡散の温床となっている。対立する意見にも接するシステムがインターネット上でも必要だ。多様な意見を紹介し、議論の材料を提供することはこれまで新聞が担ってきた役割の一つ。ネットと連携して建設的な議論の場をどうつくっていくかは今後の課題だ。夏には参議院選挙も控える。試行錯誤しながら、より良い手法を探りたい。

與那覇　新聞社もSNSで情報を発信している。ニュースの発信元は違うが、情報が流れているのは同じインターネットという場。受け手は、発信元を認識せずに情報に接している。読み手に伝わるように、新聞社のスタンスや、考え方をもっと丁寧に発信すべきではないだろうか。

◆――あとがき

ネットと連携して新聞は議論の場をつくっていけるか

本書は2019年1月7日から5月2日まで、沖縄タイムス紙上で計29回にわたって連載した「幻想のメディア　SNSの民主主義」の内容を中心に再構成し、加筆・編集してまとめた。

連載企画のきっかけは、名護市辺野古の新基地建設に反対し、この問題で政府と対立していた翁長雄志知事の急逝に伴い、2018年9月に実施された沖縄県知事選で、事実に基づかない「フェイク（偽）ニュース」がインターネットを中心に大量に出回ったことだった。

選挙が本格化する9月初旬頃から公的機関を装う特設サイトが突如開設され、会員制交流サイト（SNS）を介し、虚実ないまぜの情報の拡散が目立っていた。

県知事選は沖縄の日本復帰以来、米軍基地問題の解決や振興施策の推進を担うかじ取り役を決める、県内最大の政治決戦と位置付けられていて、インターネットの世界での新たなうごめきへの関心も高かった。

フェイクニュースで影響を受けた人たちの投票行動が選挙結果に影響を及ぼすことがあれば、民主主義の根幹を揺るがしかねないという危機感があった。

沖縄県内で競合する琉球新報や東京のネットメディアなどによる取り組みや報道もあり、ファクトチェックに注目が集まった全国的にも初めての地方選挙になった。

一方で沖縄タイムスにとって初めて挑んだ選挙戦中のファクトチェックに現場記者は悩み、もがいた。すべてが手探りの中の取材だったことは、管理職も交えた選挙後の会議での発言録からも分かる。

「日頃からの記者の仕事そのものがファクトチェックであり、改めてやるべきことではない」「検証しないと間違った情報が拡散してしまう」「他のメディアに流されず、タイムスの基準を持って対応すべきだ」など、ファクトチェックに取り組むべきかどうかの入り口でも評価は分かれた。

そんな中で連載の企画構想が持ち上がったのは、県知事選から2カ月がたった11月末頃だ。年明けには、名護市辺野古の新基地建設の埋め立ての賛否を問う県民投票が予定されていた。春には衆院沖縄3区の補欠選挙、夏に予定されている参院選まで見据えた。

企画では、県知事選中に大量のフェイクニュースが飛び交った背景はなんだったのか、現場やインターネット上では何が起こっていたのかを、関係者への取材であらためて検証することから始めることにした。

誰が誰に向けて、どのような意図でフェイクニュースや偽情報を発信させていたのか。どのような経路で有権者に届けられ、偽情報を見た、受け取った有権者がどう受け止めたのか。選挙の投票行動に影響したのか――。

ただしフェイクニュースの発信者の正体を暴くだけに注力する企画にしないことも、事前に申し合わせた。スマートフォンを手に誰もがニュースや情報を発信でき、瞬時に世界とつながる時代。実相のつかめない言論空間を生き抜くために必要なメディアリテラシー（読み解く力）とは何かを、SNS上の事象や問題点を具体的な事例からあぶり出し、読者と一緒にネット上の情報との接し方を考える企画にすることを心掛けた。

若い世代やネット利用者の間では当たり前のように使う「リツイート」「フォロー」「炎上」などの用語を、初心者にも分かりやすく解説しながら記事に織り込むことも意識した。

連載ではまず、県知事選直前や期間中にインターネットやSNS上で何が起きていたのかを振り返った。

主要候補者の選挙対策本部関係者や支援者、政治的な考えを積極的に発信する「ユーチューバー」らを中心に、発信の意図やＳＮＳとの付き合い方を聞いた。選対関係者へのインタビューでは、既に選挙戦での重要なツールの一つと位置付けられているインターネットサイトやＳＮＳを活用した選挙戦術の成否に拘泥せずに、それぞれがスマートフォンを手にした時期や、ＳＮＳを始めるきっかけとなった時代背景も聞いた。

最も難渋し、取材班で議論を重ねたのが、選挙期間中にツイッターでフェイクニュースを流した発信者Ａさん（記事中も「Ａさんと表記」）への取材だった。知事選でのフェイクニュースの発信状況や経緯を振り返るには、Ａさんに見解を求める取材が不可欠だと考えた。Ａさんが保守系政治家を支持する立場からＳＮＳで積極的に発信するようになった動機などについても、紙面で紹介できればと考えていた。

ただ、Ａさんにどうアプローチするかは非常に悩んだ。匿名のアカウント名で発信し、なおかつツイッターを介して他のユーザーと直接メッセージがやりとりできない設定の相手だった。取材が容易でないのは承知の上だったが、実現させるための手法を、相手の対応を想定しながら考えた。

ツイッター上での直接の取材依頼は、過去にさまざまなメディアが試みて批判され、炎上している。取材班は当初、Ａさんに直接取材を依頼するため、現実社会でＡさんにアクセスする手法を探した。SNS上でわずかに明かされた情報をもとに、関係各所に連絡したり、実際に訪れたりした結果、Aさんを知っているらしい人が分かった。Aさんの人物像も次第に分かってきた。

しかし最終的に取材班は公開されているツイッター上でAさんに取材を依頼した。なぜか。第一に、この時点で取材班の立ち上げから2カ月、連載開始から1カ月以上がたっており、これ以上時間をかけられなかったという事情がある。それでもさらに時間をかけて探すか、あきらめるかで取材班は悩んだ。選択したのが、公開されているツイッター上で取材を依頼することだった。この選択の背景にあるのは、匿名発信者への取材は他の新聞社もほぼ成功していないという現実だ。SNS一般のユーザーも巻き込んで炎上することは想像できたが、匿名発信者の意図に正面から迫りたいという思いが勝った。

SNS上での公開の取材依頼については、当時も、連載終了後も賛否の声が寄せられている。批判は真摯《しんし》に受け止めたい。

SNSでの公開取材は案の定、炎上につながった。内容も、実質的な意見交換ができたとはいえなかったが、匿名でフェイクニュースを発信したAさんとのやりとりを通して収穫もあった。フェイクニュースの発信者やそのフォロワーは、新聞など既存メディアのファクトチェックに必ずしも関心を寄せていないことが分かったのだ。Aさんやフォロワーは、新聞でこのS

NSの発信がフェイクだと認定されていたことを知らなかった。選挙期間中に限らず、こうしたSNSのファクトチェックについて、その手法や効果を再検証する必要性を感じた。

フェイクニュースを巡っては、政府が今後、選挙や災害時のデマ拡散抑止に向けて本格的な対策をまとめるという。フェイスブックやツイッターなど米IT企業や情報配信事業者に、自主的な行動規範の策定を求めることを視野に対策に乗り出す。社会も徐々にSNSと向き合いはじめている。

連載は、インターネットやSNSに潜む問題に踏み込んだ沖縄タイムスとして初めての企画だった。限られた時間での取材を基にしており、当初掲げた狙いを十分に果たせたとはいえない。ただ、フェイクニュースやデマの標的となってきた沖縄の新聞社として、インターネットやSNS上で流れるニュースや情報にどう向き合い、どう取材していけばいいかを考えるきっかけになったとの思いはある。

事実に基づく多様な意見を紹介し、議論の材料を提供することは、これまでの新聞が担ってきた役割の一つでもある。新聞社もインターネットやSNSを介して情報を発信している。ネットと連携して建設的な議論の場をどうつくっていくかは今後の課題だ。

これからも選挙はあり、ＳＮＳの情報と向き合う日々は続く。読者や社会に事実を伝える努力を尽くしていきたい。

最後に、私たち取材班の取材意図に共感し取材に応じてくれた方々、力を貸してくれた沖縄タイムス社の同僚記者、助言をいただいた専門家の方々に、取材班を代表してお礼を申し上げたい。

また若い記者の試みに共鳴してくださり、本書出版の機会を与えていただいた高文研の山本邦彦さんにも、この場をお借りして感謝を申し上げる。

２０１９年７月

「幻想のメディア」取材班を代表して　石川 亮太

「幻想のメディア」取材班

■石川亮太（いしかわ・りょうた）
編集局中部報道部記者

■與那覇里子（よなは・さとこ）
総合メディア企画局デジタル部記者

■比嘉桃乃（ひが・ももの）
編集局社会部記者

■豊島鉄博（とよしま・てつひろ）
編集局中部報道部記者

■黒島美奈子＝デスク（くろしま・みなこ）
編集局社会部部長

幻想のメディア
SNSの民主主義

沖縄タイムス【沖縄タイムス社】

沖縄県で発行されている日刊紙。戦時中の唯一の新聞「沖縄新報」の編集同人を中心に1948年7月1日、那覇市で創刊。

「鉄の暴風」と表現された熾烈な沖縄戦など戦争への反省に立ち、県民と共に平和希求の沖縄再建を目指したのが出発点になった。27年間に及んだ米軍統治下では自治権の拡大や復帰運動で、一貫して住民の立場で主張を展開し、1972年の復帰後も居座った米軍基地問題に真っ正面から取り組んできた。国内の米軍専用施設の大半を占める過重負担や、基地があるがゆえに起きる事件・事故、騒音被害などの住環境破壊、日米地位協定の問題点などを追及し、解決に向けた論戦を張っている。

SNSから見える沖縄

幻想のメディア

●二〇一九年　九月　一日――――第一刷発行

編著者／沖縄タイムス社編集局
「幻想のメディア」取材班

発行所／株式会社　高文研
東京都千代田区神田猿楽町二―一―八
三恵ビル（〒一〇一―〇〇六四）
電話03＝3295＝3415
http://www.koubunken.co.jp

印刷・製本／三省堂印刷株式会社

★万一、乱丁・落丁があったときは、送料当方負担でお取りかえいたします。

ISBN978-4-87498-698-1　C0036